ANNE LE BROCQ

50 Strickmuster
FÜR DECKEN

INSPIRIERT VON DER NATUR

Weltbild

Inhalt

Strickquadrate

Vorwort

Dieses Buch ist als Gegenentwurf zum modernen hektischen Lebensstil gedacht: Es soll dazu beitragen, einen Gang herunterzuschalten, um sich mit der Natur zu verbinden und deren kleine Details bewusst wahrzunehmen. Wenn man mit einem kleinen Kind spazieren geht, muss man oft stehen bleiben, um irgendetwas in Augenschein zu nehmen – beispielsweise einen Käfer oder eine Blüte – oder mit einem Stock irgendwo herumzustochern. Der Kontrast zu unserem geschäftigen Erwachsenenleben ist deutlich. Wir verlieren uns oft in den großen Dingen und nehmen uns nicht die Zeit, die kleinen achtsam wahrzunehmen.

Dieses Projekt ist aus einer langen Gewohnheit entstanden, „Musterbilder" aufzunehmen: Fotos von wiederkehrenden Mustern in der Natur. Ich habe angefangen, Decken zu stricken, um meinen ruhelosen Geist zu beschäftigen, und fand Bücher mit Anleitungen für Quadrate mit verschiedenen abstrakten Strukturen. Dabei keimte die Idee, strukturierte Quadrate zu entwerfen, zu denen mich Muster aus der Landschaft inspirierten, und diese zu „Deckenlandschaften" zusammenzusetzen. Den letzten Anstoß gab eine Motorradreise, die mich allein sechs Wochen an der Westküste Schottlands entlangführte. Ich kaufte unterwegs Garn, strickte Quadrate und schickte sie nach Hause, um sie nach meiner Rückkehr zu einer Decke zu verarbeiten. In einem Wollgeschäft in Stornoway auf der Isle of Lewis kaufte ich einen Multicolor-Knäuel und strickte daraus Quadrate, die wie ein stürmischer Strand der Hebriden aussahen. Daraufhin begann ich über eine große Decke aus Quadraten nachzudenken, zu deren Strukturmuster mich die Landschaft inspirierte. Die Farbwahl basierte auf den Quadraten aus Stornoway.

Ich habe viele glückliche Tage an den Stränden rund um mein Haus in Devon verbracht und über die Muster nachgedacht, die ich dort entdeckte. Dann integrierte ich sie in einfache Quadratmuster, aus denen ich die „Blanketscapes", meine Landschaftsdecken, zusammensetzte. Dieses Projekt lieferte mir einen Grund, rauszugehen und zugleich eine Beschäftigung für zu Hause. Außerdem erinnerte es mich immer an die Ausflüge, auf denen ich Inspirationen gefunden hatte. Bald entschloss ich mich, zu Waldmustern abzuzweigen (bitte entschuldigen Sie das Wortspiel!), was mich in Wälder führte, in die ich sonst nie gekommen wäre. Vor diesem Projekt wusste ich nicht viel über die verschiedenen Baumarten, aber jetzt kann ich die geläufigeren erkennen.

Die Verbundenheit mit der Umwelt stärkt unser Bewusstsein für die unglaubliche Welt, in der wir leben, und wir sollten alles Menschenmögliche tun, um sie zu schützen. Zeit in der Natur zu verbringen ist gut für das körperliche und geistige Wohlbefinden, weil es alle Sinne anspricht. Man kann am Strand stehen, spüren, wie einem die Sonne ins Gesicht scheint, und den Wellen lauschen, oder in einem Wald hören, wie die Stiefel im Schlamm matschen, und die Struktur eines Baumes ertasten. Wer rund ums Jahr bei jedem Wetter draußen ist, wird feststellen, wie unterschiedlich ein und derselbe Teil der Welt aussehen und welch unterschiedliche Emotionen er wecken kann. Ich hoffe, die Strukturmuster in diesem Buch rufen all diese Gefühle wach. Wenn Sie eine Landschaftsdecke gestalten, zu der Sie von einem Lieblingsort inspiriert wurden, kreieren Sie etwas, das Sie gedanklich an diesen Platz zurückführt – und zugleich warm hält.

So arbeiten Sie mit diesem Buch

Dieses Buch enthält Anleitungen für 50 Strickquadrate mit unterschiedlichen Strukturen und Mustern aus Natur und Landschaft. Ich habe die Muster bewusst schlicht angelegt, sodass sie leicht nachzuarbeiten sind – sowohl für Neulinge am Beginn ihrer Strickreise als auch für all jene, die wie ich gern vor dem Fernseher stricken. Die Quadratmotive sind nach verschiedenen Landschaften oder Landschaftsteilen untergliedert, aber Sie können die Quadrate ganz nach Belieben zu Ihrer persönlichen Landschaftsdecke kombinieren. Sieben Beispieldecken, die eine Vielfalt an Landschaften, Farben und Herangehensweisen zeigen, sind im Buch enthalten.

Die Strickquadrate sind mit einem horizontalen und vertikalen Musterrapport entworfen, sodass sie sich für Decken beliebiger Größe eignen. Allerdings lassen sich die Motive mit dem Begriff „Kombiniert" im Titel nur horizontal wiederholen. Diese Quadrate mit kombinierten Mustern sind für die kleinste Größe, eine Babydecke, gedacht, zeigen aber immer noch eine Vielfalt an Strukturen. Alle Quadrate (bis auf die drei Kiesstrand-Motive) sind 36 Maschen breit, sodass die Muster beim Aufbau der Landschaft aneinander anschließen lassen. Die meisten, bis auf das Motiv „Viele Fußspuren", sind 48 Reihen hoch, doch ergeben sich aufgrund der Struktur der diversen Quadrate oft unterschiedliche Maße, besonders vor dem Spannen. Ich habe 3,75 mm starke Stricknadeln (amerikanische Stärke 5) und meistens das Garn Stylecraft Special DK (100 % Polyacryl; LL 295 m/100 g) für die Beispielquadrate im Musterverzeichnis verwendet. Daraus ergab sich ein Maß von 17 cm x 17 cm.

Die meisten Muster setzen sich nur aus rechten und linken Maschen zusammen, die wechselweise eingesetzt werden, sodass das Motiv hervortritt. Bei einem horizontalen Muster wie den Sandrippeln bildet der glatt linke Teil das erhabene Muster (wie man es bei kraus rechtem Gestrick erwarten würde), sodass die linke Seite die eigentliche Struktur zeigt. Bei einem vertikalen Muster wie den Buchenstämmen tritt das glatt rechte Motiv plastisch hervor (wie man es bei einem Rippenmuster erwarten würde), daher werden diese Muster mit der rechten Seite als strukturierte Schauseite gearbeitet.

Stricken nach Strickschrift

Die Strickschriften zeigen, wie die Strukturmuster entstehen. Dabei entspricht jedes Quadrat des Rasters einer Masche. Ein „x" bedeutet, dass die entsprechende Masche in Rückreihen rechts und in Hinreihen links gestrickt werden muss. Arbeiten Sie die Strickschriften von unten nach oben ab und lesen Sie die weiß gedruckten Hinreihen von rechts nach links und die grau hinterlegten Rückreihen von links nach rechts. Die Zahlen in einigen Quadraten zeigen an, wie oft man die gleiche Masche in einem größeren Block stricken muss, bevor man zur anderen Maschenart wechselt. Diese Zahlen stehen nur in der Mitte von Gruppen von mehr als drei gleichen Maschen. Wo Sie eine solche Zahl sehen, müssen Sie also die gleiche Maschenart so oft wie angegeben gemäß den Karos in der Strickschrift arbeiten. Wiederholt sich ein Rapport vertikal, ist die Zahl nur im ersten Rapport eingetragen. Bei den drei Kieselmustern haben die Zahlen eine andere Bedeutung: Die Ziffer samt Pfeil erklärt, wie viele Reihen tiefer man für diese Masche einstechen muss (siehe Tipps & Techniken, Seite 139, Fallmaschen). Das glatt rechte Muster beginnt mit einer Hinreihe aus rechten Maschen, sofern nichts anderes angegeben ist. Alternativ zur Strickschrift können die Muster auch nach dem jeweiligen Anleitungstext gearbeitet werden.

Hinweis

Manche Muster beginnen mit einer Hinreihe linker Maschen für einen glatt linken Hintergrund. Wenn Sie eine Decke in einem Stück stricken, in die Sie diese Quadrate integrieren und mehrere Farben für die unterschiedlichen Motive verwenden wollen, bilden sich am Übergang zweifarbige Maschen (siehe Foto). Das Ergebnis sieht sauberer aus, wenn man zu Beginn jedes Quadrats eine vollständige Hinreihe rechte Maschen statt der ersten Musterreihe strickt. Wenn man mit einem Verlaufsgarn oder mit zwei Fäden in unterschiedlichen Farben zugleich strickt (wie bei der Decke Laubwald, Seite 124ff.), ist das nicht notwendig, weil ohnehin kein harter Farbwechsel entsteht.

Die Decken

Die Decken können entweder aus einzelnen Quadraten zusammengenäht oder in einem Stück gestrickt werden. Wenn Sie Ihre Decke in einem Stück arbeiten wollen, kennzeichnen Sie Beginn und Ende jedes Quadratmotivs mit einem Maschenmarkierer und wiederholen es beliebig oft innerhalb der Reihe. Ich verwende lieber kleine Garnschlaufen anstelle harter Maschenmarkierer, wenn ich dünnes Garn verstricke, damit keine Abdrücke im Gestrick zurückbleiben. Die Decke Sonniger Strand zeigt beide Methoden und die daraus resultierenden Unterschiede. Alle anderen Beispieldecken sind eine Mischung aus beiden Techniken. Strickt man einzelne Quadrate, so werden einige mit einer zusätzlichen Hinreihe abgeschlossen, um das Muster symmetrischer zu gestalten. Eine Blende lässt sich nachträglich anstricken, indem man Maschen rund um die Kanten aufnimmt. Einzeln gestrickte Quadrate müssen auf jeden Fall gespannt werden, weil sie sonst leicht knittern. Aber auch eine im Ganzen gestrickte Decke profitiert vom abschließenden Spannen, weil dadurch das Maschenbild gleichmäßiger wird.

Die Beispieldecken demonstrieren, welchen Einfluss die Farbwahl auf die Decke hat. Die Decke Schneeberge ist durchweg in einer einzigen Farbe gearbeitet, während ich für alle anderen Decken vielerlei Farbpaletten passend zu den jeweiligen Landschaften zusammengestellt habe – mal als Farbverlauf, mal mit harten Farbhorizonten.

Material & Werkzeug

Die Quadratmotive in diesem Buch sind so flexibel entworfen, dass Sie sich für Garne jeder Art, Stärke und Farbe eignen, sodass sich daraus Decken beliebiger Größe, Form und Dicke kreieren lassen – von einer leichten Babydecke für den Sommer bis zur schweren Tagesdecke. Im Folgenden erfahren Sie, welche Garnarten Sie verwenden können, wie Sie das Farbschema anlegen und welche Stricknadeln sich am besten für das jeweilige Projekt eignen.

DIE WAHL DES GARNS

Die Beispieldecken in diesem Buch sollen das Spektrum der Faserarten, Garnstärken und Farben abbilden, die Sie für Ihre Landschaftsdecke verwenden können. Die Möglichkeiten lassen sich auf alle Landschaftstypen übertragen, sodass Sie die Landschaft, die Sie inspiriert, ganz nach Ihren individuellen Designvorgaben gestalten können. Die Wahl des Garns hängt vom Einsatzzweck der Decke, Ihren persönlichen Vorlieben und Ihrem Geldbeutel ab. Hier wurden verschiedene Faserarten verwendet, meist in Form von Mischgarnen, darunter Polyacryl, Baumwolle, Bambus, Wolle und Recyclingfasern. Jedes Garn hat seine Vor- und Nachteile, sowohl in Bezug auf den Gebrauch als auch auf die Umweltauswirkungen. Das Leben ist voller Kompromisse, aber egal, was Sie letztlich wählen, entscheidend ist, dass ein Gegenstand lange Zeit verwendet und geschätzt wird. Das ist umso wahrscheinlicher bei einer Decke, die mit Liebe (und hoffentlich nicht mit zu viel Blut, Schweiß und Tränen) gestrickt wurde, als bei einem billigen Massenprodukt.

Polyacrylgarn

Eine kleine Decke für ein Baby erfordert ein weiches, leicht waschbares Garn, deshalb ist Polyacrylgarn oft eine gute Wahl. Es ist zudem relativ preiswert und oft in einem breiten Spektrum an Farben erhältlich, aus denen Sie die Töne für Ihre Landschaft auswählen können. Polyacrylgarne haben allerdings den Nachteil, beim Waschen viel Mikroplastik an die Umwelt abzugeben.

Baumwoll- und Bambusgarn

Garne aus pflanzlichen Naturfasern wie Baumwolle oder Bambus sind ebenfalls weich und eignen sich gut für eine Babdecke, erfordern aber etwas mehr Sorgfalt beim Waschen. Baumwolle hat einen schönen Fall und fühlt sich beim Stricken schön weich an. Das vierfädige Baumwollgarn, das für die Decke Laubwald mit doppeltem Faden verstrickt wurde, ergibt eine superwarme und schwere Decke. Die Auswirkungen des Baumwollanbaus auf die Umwelt sind jedoch nicht zu vernachlässigen, denn dabei werden enorme Mengen an Wasser und Dünger eingesetzt. Bambus wächst schnell und verbraucht weniger Ressourcen als Baumwolle, hat also möglicherweise die geringsten Umweltauswirkungen. Dennoch muss er auf nachhaltige Weise angebaut werden, ohne dass eine kommerzielle Monokultur entsteht.

Wollgarn

Auch wenn manche Wollgarne sich kratzig anfühlen, kann Wolle nach wie vor eine gute Wahl für eine Babydecke sein, wenn man das Garn sorgfältig auswählt. Merinowolle beispielsweise ist superweich, warm und waschbar. Heutzutage sind handgefärbte Garne aus regional produzierter Wolle in einer wundervollen Farbauswahl erhältlich. Eine Wolldecke für den täglichen Gebrauch ist warm und strapazierfähig. Wolle hat viele Vorteile, aber auch Auswirkungen auf die Umwelt: Schafzucht erfordert Land und erzeugt Treibhausgase. Außerdem muss man sich vor den lästigen Motten in Acht nehmen.

Recyclinggarne

Schließlich werden auch immer mehr Recyclinggarne als nachhaltigere Option angeboten. Die Vorzüge und Nachteile der Ursprungsfasern haben sie aber natürlich ebenfalls.

Garne und Lauflängen

Garntyp	Lauflänge
4-fädig, Fingering, Sock	400–480 m/100g
DK, Light Worsted	240–300 m/100,g
Medium, Aran	120–240 m/100 g
Bulky, Chunky	100–130 m/100 g

Auch innerhalb eines Garntyps mit ähnlicher Lauflänge können die verschiedenen Garne in Erscheinungsbild und Bauschigkeit variieren. Stricken Sie deshalb immer ein Probequadrat mit dem gewählten Garn, bevor Sie mit Ihrer Landschaftsdecke beginnen.

DIE WAHL DES GARNS

Farbe kann auf vielerlei Weise eingesetzt werden, um die Landschaft wiederzugeben – das ist der Moment, in dem die Decke Sie nicht mehr nur warm halten soll, sondern sich in ein individuelles Kunstwerk verwandelt. Die Farben, die Sie wählen, spiegeln Ihre künstlerische Vorliebe, entweder helle Farben Ton in Ton mit einem weichen Verlauf oder leuchtendere Farben, die schärfer abgegrenzte Horizonte bilden. Die Farbwahl hängt auch davon ab, für wen Sie die Decke stricken: Ein Kind bevorzugt vielleicht knalligere Farben, während Sie für eine erwachsene Person lieber eine dezentere Palette zusammenstellen. Auch Ihr Budget spielt eine Rolle, denn wenn Sie eine kleine Decke in einer einzigen Farbe stricken, bleibt Ihnen am Ende eines Projekts nur eine winzige Menge Garn übrig.

Garnbobbel mit eingebautem Farbverlauf bieten ein fertiges Farbschema, das nach und nach wechselt, aber Sie können auch Ihren eigenen Farbverlauf kreieren, indem Sie mit doppeltem Faden stricken und immer wieder eine der beiden Farben auswechseln.

Manche Landschaften, beispielsweise Strände, haben schärfer abgegrenzte Farbhorizonte: Da sollten Sie harte Farbwechsel vornehmen. Das lässt sich sowohl bei einer Decke, die in einem Stück gestrickt wird, als auch bei einzelnen Quadraten realisieren, indem Sie die Garnfarbe wechseln, wenn Sie ein neues Muster beginnen. Dazu können Sie die Fäden entweder miteinander verbinden oder die Fadenenden hängen lassen und später im Rand vernähen.

WAHL DER STRICKNADELN

Wenn Sie eine Decke aus einzelnen Quadraten arbeiten, können Sie mit geraden Jackenstricknadeln stricken. Ich verwende auf Reisen extrakurze Kindernadeln: Die verbiegen sich nicht, und ich belästige meine Sitznachbarn weniger. Für Decken, die in einem Stück gefertigt werden, empfehlen sich Rundstricknadeln – je länger, desto besser, damit die Maschen möglichst wenig zusammengeschoben werden müssen. Ich stricke relativ locker und muss deshalb oft zu dünneren Nadeln greifen als auf der Garnbanderole angegeben. Wenn Sie fest stricken, sollten Sie unbedingt ein Probequadrat arbeiten, um die Farbwechsel zu testen und die erforderliche Garnmenge zu ermitteln.

Nadelstärken international

Metrisch	USA
2 mm	0
2,25 mm	1
2,5 mm	–
2,75 mm	2
3 mm	–
3,25 mm	3
3,5 mm	4
3,75 mm	5
4 mm	6
4,5 mm	7
5 mm	8
5,5 mm	9
6 mm	10

Muster-verzeichnis

Gelände

Wir beginnen am unteren Ende der Decke, indem wir zu unseren Füßen hinabschauen und darüber nachdenken, auf welcher Art von Boden wir uns in der Landschaft bewegen. **Viele Fußspuren** stellt das Muster zahlreicher Füße dar, die ihren Abdruck auf einem weichen Untergrund hinterlassen haben. Das Gehen auf einem weichen Sandstrand ist leise, während das Schmatzen der Füße auf einem matschigen Pfad oder das Knirschen von Schnee unter den Füßen unweigerlich die Assoziation mit einer bestimmten Jahreszeit hervorruft. Die Fußspuren in der Landschaft zeigen „Wunschlinien" – den einfachsten Weg zu einem Ziel, vielleicht durch die Dünen am Strand oder um eine Schlammpfütze herum. Auf Sand, der gerade durch die zurückgehende Flut unberührt und glatt zurückgelassen wurde, oder auf frisch gefallenem Schnee können einzelne Fußspuren die Landschaft durchkreuzen, wie im Muster **Wenige Fußspuren** dargestellt. **Kombinierte Fußspuren** verbindet die beiden Muster zu einem einzigen Quadrat für kleinere Decken.

Andererseits könnte der Boden auch mit schönem grünem Gras bedeckt sein – als sorgsam gehegter Rasen oder als buckelige Wiese, auf der man bei jedem Schritt aufpassen muss, sich nicht den Knöchel zu verstauchen. **Gras** ist ein einfaches Muster, das die vertikalen Linien eines gepflegten Rasens darstellt, dessen Höhe Sie nach Belieben anpassen können. Im Frühjahr sprießen möglicherweise Hasenglöckchen im Gras am Boden von Laubwäldern und bilden einen atemberaubenden blauen Teppich. Sie profitieren vom Licht im Frühjahr, bevor die Bäume wieder ein dichtes Blätterdach bilden. Der Sage nach handelt es sich um Feenglocken, die Feen zu einer Versammlung rufen. Aber lauschen Sie nicht zu aufmerksam, wenn Sie das Muster **Hasenglöckchen** stricken, denn angeblich ist es kein gutes Omen, wenn ein Mensch die Glöckchen hört …

Das rauschende Wasser eines Flusses, der um Felsen strömt, wird durch das Muster **Wildwasser** dargestellt, dem Simon und Garfunkel in ihrem Song „Bridge over Troubled Water" ein Denkmal gesetzt haben. Ein solcher Fluss ist eine passende Metapher für das Leben: Er fließt mit einigen Turbulenzen auf dem Weg unaufhaltsam seinem Ziel entgegen. Doch bei hohem Wasserstand muss man manchmal einfach das Kajak rausholen und das Beste daraus machen.

In einem Stück gestrickte Decke

Jede Reihe über die Breite der Decke hinweg so oft wiederholen, wie für die gewünschte Deckengröße erforderlich.

* 1. Reihe: 5 M re, 8 M li, 10 M re, 8 M li, 5 M re.

2. Reihe: 4 M li, 2 M re, 6 M li, 2 M re, 8 M li, 2 M re, 6 M li, 2 M re, 4 M li.

3. Reihe: 3 M re, 2 M li, 8 M re, 2 M li, 6 M re, 2 M li, 8 M re, 2 M li, 3 M re.

4. Reihe: 4 M re, 10 M li, 8 M re, 10 M li, 4 M re.

5. Reihe: 3 M li, 12 M re, 6 M li, 12 M re, 3 M li.

6. Reihe: 4 M re, 10 M li, 8 M re, 10 M li, 4 M re.

7. Reihe: 3 M re, 2 M li, 8 M re, 2 M li, 6 M re, 2 M li, 8 M re, 2 M li, 3 M re.

8. Reihe: 4 M li, 2 M re, 6 M li, 2 M re, 8 M li, 2 M re, 6 M li, 2 M re, 4 M li.

9. Reihe: 5 M re, 8 M li, 10 M re, 8 M li, 5 M re.

10. Reihe: 6 M li, 6 M re, 12 M li, 6 M re, 6 M li. ******

11.–50. Reihe: Die 1.–10. R noch 4 x wdh.

Einzelne Quadrate

36 M anschl.

Von * bis ** str.

11.–49. Reihe: Die 1.–10. R noch 3 x wdh, dann die 1.–9. R noch 1 x wdh.

Alle M li abk.

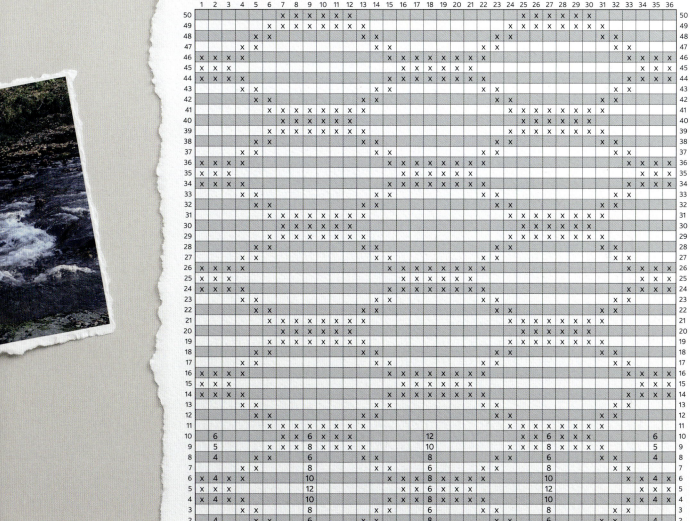

Fußabdrücke sind in der Regel flüchtige Erscheinungen in der Landschaft, die von den Gezeiten weggespült werden oder mit dem Schnee schmelzen. Manchmal bleiben sie eine Weile erhalten, beispielsweise im Schlamm, der in der Übergangszeit schnell trocknet. Die abstrakte Form der hier dargestellten Fußspuren orientiert sich am Muster Viele Fußspuren.

In einem Stück gestrickte Decke

Jede Reihe über die Breite der Decke hinweg so oft wiederholen, wie für die gewünschte Deckengröße erforderlich.

* **1. Reihe**: Re M str bis R-Ende.
2. Reihe: 24 M li, 6 M re, 6 M li.
3. Reihe: 5 M re, 8 M li, 23 M re.
4. Reihe: 22 M li, 2 M re, 6 M li, 2 M re, 4 M li.
5. Reihe: 3 M re, 2 M li, 8 M re, 2 M li, 21 M re.
6. Reihe: 20 M li, 2 M re, 10 M li, 2 M re, 2 M li.
7. Reihe: 2 M re, 1 M li, 12 M re, 1 M li, 20 M re.
8. Reihe: 20 M li, 2 M re, 10 M li, 2 M re, 2 M li.
9. Reihe: 3 M re, 2 M li, 8 M re, 2 M li, 21 M re.
10. Reihe: 22 M li, 2 M re, 6 M li, 2 M re, 4 M li.
11. Reihe: 5 M re, 8 M li, 23 M re.
12. Reihe: 6 M li, 6 M re, 12 M li, 6 M re, 6 M li.
13. Reihe: 23 M re, 8 M li, 5 M re.
14. Reihe: 4 M li, 2 M re, 6 M li, 2 M re, 22 M li.
15. Reihe: 21 M re, 2 M li, 8 M re, 2 M li, 3 M re.
16. Reihe: 2 M li, 2 M re, 10 M li, 2 M re, 20 M li.
17. Reihe: 20 M re, 1 M li, 12 M re, 1 M li, 2 M re.
18. Reihe: 2 M li, 2 M re, 10 M li, 2 M re, 20 M li.
19. Reihe: 21 M re, 2 M li, 8 M re, 2 M li, 3 M re.
20. Reihe: 4 M li, 2 M re, 6 M li, 2 M re, 22 M li.
21. Reihe: 23 M re, 8 M li, 5 M re.
22. Reihe: 6 M li, 6 M re, 24 M li.
23.–26. Reihe: 4 R glatt re str.
27. Reihe: 3 M li, 30 M re, 3 M li.
28. Reihe: 4 M re, 28 M li, 4 M re.
29. Reihe: 3 M re, 2 M li, 26 M re, 2 M li, 3 M re.
30. Reihe: 4 M li, 2 M re, 24 M li, 2 M re, 4 M li.
31. Reihe: 5 M re, 2 M li, 22 M re, 2 M li, 5 M re.
32. Reihe: 6 M li, 1 M re, 22 M li, 1 M re, 6 M li.
33. Reihe: 5 M re, 2 M li, 22 M re, 2 M li, 5 M re.
34. Reihe: 4 M li, 2 M re, 24 M li, 2 M re, 4 M li.
35. Reihe: 3 M re, 2 M li, 26 M re, 2 M li, 3 M re.
36. Reihe: 4 M li, 28 M re, 4 M re.
37. Reihe: 3 M li, 12 M re, 6 M li, 12 M re, 3 M li.
38. Reihe: 14 M li, 8 M re, 14 M li.
39. Reihe: 13 M re, 2 M li, 6 M re, 2 M li, 13 M re.
40. Reihe: 12 M li, 2 M re, 8 M li, 2 M re, 12 M li.
41. Reihe: 11 M re, 2 M li, 10 M re, 2 M li, 11 M re.
42. Reihe: 11 M li, 1 M re, 12 M li, 1 M re, 11 M li.
43. Reihe: 11 M re, 2 M li, 10 M re, 2 M li, 11 M re.
44. Reihe: 12 M li, 2 M re, 8 M li, 2 M re, 12 M li.
45. Reihe: 13 M re, 2 M li, 6 M re, 2 M li, 13 M re.
46. Reihe: 14 M li, 8 M re, 14 M li.
47. Reihe: 15 M re, 6 M li, 15 M re.
48. Reihe: Li M str bis R-Ende. **

Einzelne Quadrate

36 M anschl.
Von * bis ** str.
Alle M abk.

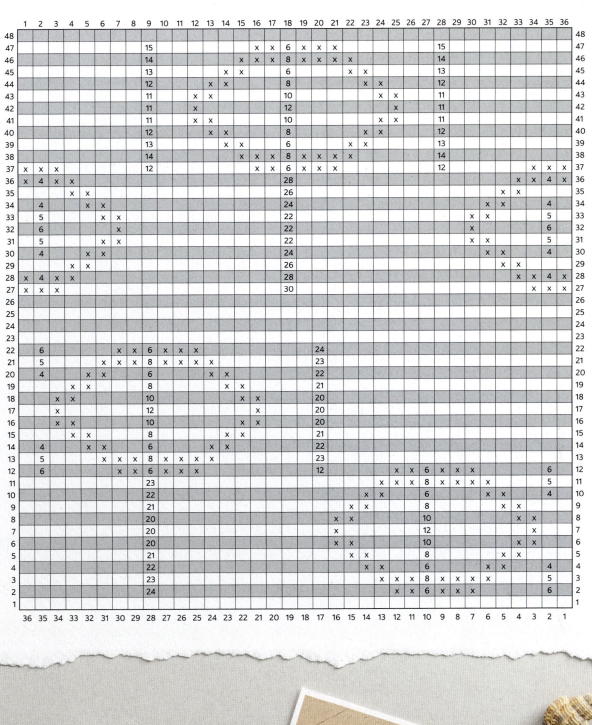

In einem Stück gestrickte Decke

Jede Reihe über die Breite der Decke hinweg so oft wiederholen, wie für die gewünschte Deckengröße erforderlich.

* 1. Reihe: 3 M li, 12 M re, 6 M li, 12 M re, 3 M li.

2. Reihe: 4 M re, 10 M li, 8 M re, 10 M li, 4 M re.

3. Reihe: 3 M re, 2 M li, 8 M re, 2 M li, 6 M re, 2 M li, 8 M re, 2 M li, 3 M re.

4. Reihe: 4 M li, 2 M re, 6 M li, 2 M re, 8 M li, 2 M re, 6 M li, 2 M re, 4 M li.

5. Reihe: 5 M re, 8 M li, 10 M re, 8 M li, 5 M re.

6. Reihe: 6 M li, 6 M re, 12 M li, 6 M re, 6 M li.

7. Reihe: 5 M re, 8 M li, 10 M re, 8 M li, 5 M re.

8. Reihe: 4 M li, 2 M re, 6 M li, 2 M re, 8 M li, 2 M re, 6 M li, 2 M re, 4 M li.

9. Reihe: 3 M re, 2 M li, 8 M re, 2 M li, 6 M re, 2 M li, 8 M re, 2 M li, 3 M re.

10. Reihe: 4 M re, 10 M li, 8 M re, 10 M li, 4 M re.

11.–20. Reihe: Die 1.–10. R wdh.

21. Reihe: 3 M li, 12 M re, 6 M li, 12 M re, 3 M li.

22. Reihe: 2 M li, 2 M re, 10 M li, 2 M re, 20 M li.

23. Reihe: 21 M re, 2 M li, 8 M re, 2 M li, 3 M re.

24. Reihe: 4 M li, 2 M re, 6 M li, 2 M re, 22 M li.

25. Reihe: 23 M re, 8 M li, 5 M re.

26. Reihe: 6 M li, 6 M re, 12 M li, 6 M re, 6 M li.

27. Reihe: 5 M re, 8 M li, 23 M re.

28. Reihe: 22 M li, 2 M re, 6 M li, 2 M re, 4 M li.

29. Reihe: 3 M re, 2 M li, 8 M re, 2 M li, 21 M re.

30. Reihe: 20 M li, 2 M re, 10 M li, 2 M re, 2 M li.

31. Reihe: 2 M re, 1 M li, 12 M re, 1 M li, 20 M re.

32. Reihe: 20 M li, 2 M re, 10 M li, 2 M re, 2 M li.

33. Reihe: 3 M re, 2 M li, 8 M re, 2 M li, 21 M re.

34. Reihe: 22 M li, 2 M re, 6 M li, 2 M re, 4 M li.

35. Reihe: 5 M re, 8 M li, 23 M re.

36. Reihe: 6 M li, 6 M re, 12 M li, 6 M re, 6 M li.

37. Reihe: 23 M re, 8 M li, 5 M re.

38. Reihe: 4 M li, 2 M re, 6 M li, 2 M re, 22 M li.

39. Reihe: 21 M re, 2 M li, 8 M re, 2 M li, 3 M re.

40. Reihe: 2 M li, 2 M re, 10 M li, 2 M re, 20 M li.

41. Reihe: 20 M re, 1 M li, 12 M re, 1 M li, 2 M re.

42. Reihe: 2 M li, 2 M re, 10 M li, 2 M re, 20 M li.

43. Reihe: 21 M re, 2 M li, 8 M re, 2 M li, 3 M re.

44. Reihe: 4 M li, 2 M re, 6 M li, 2 M re, 22 M li.

45. Reihe: 23 M re, 8 M li, 5 M re.

46. Reihe: 6 M li, 6 M re, 24 M li.

47. und 48. Reihe: 2 R glatt re str. **

Einzelne Quadrate

36 M anschl.
Von * bis ** str.
Alle M abk.

Für eine Babydecke möchten Sie vielleicht die beiden Fußspurmuster in einem kleineren Quadrat vereinigen. Dieses Muster stellt eine Kombination der beiden vorhergehenden Muster dar.

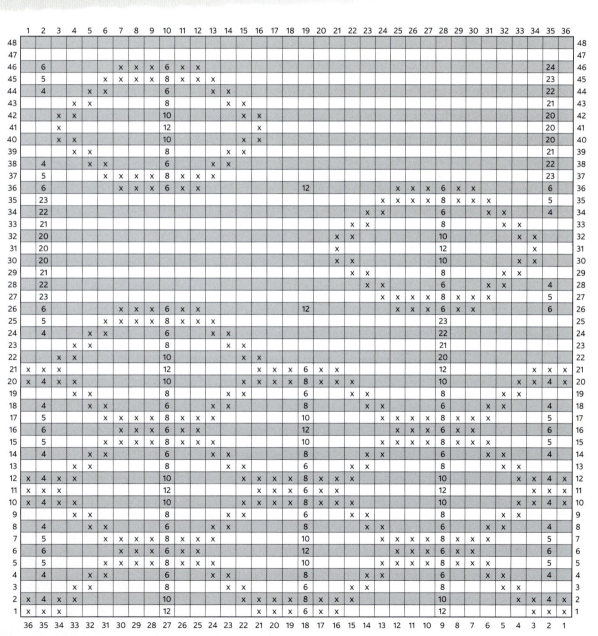

04 / Gras

In einem Stück gestrickte Decke

Jede Reihe über die Breite der Decke hinweg so oft wiederholen, wie für die gewünschte Deckengröße erforderlich. Hinweis: Falls Sie nach dem vorhergehenden Muster die Garnfarbe wechseln, stricken Sie in der 1. Reihe alle Maschen rechts, statt die unten angegebene Musterreihe zu arbeiten, damit eine saubere Verbindung entsteht.

* 1. Reihe: 18 x [1 M li, 1 M re].
2.–4. Reihe: Die 1. R noch 3 x wdh.
5. Reihe: 18 x [1 M re, 1 M li].
6.–8. Reihe: Die 5. R noch 3 x wdh.
9.–48. Reihe: Die 1.–8. R noch 5 x wdh. **

Einzelne Quadrate

36 M anschl.
Von * bis ** str.
Alle M abk.

05 / Hasenglöckchen

In einem Stück gestrickte Decke

Jede Reihe über die Breite der Decke hinweg so oft wiederholen, wie für die gewünschte Deckengröße erforderlich. Hinweis: Falls Sie nach dem vorhergehenden Muster die Garnfarbe wechseln, stricken Sie in der 1. Reihe alle Maschen rechts, statt die unten angegebene Musterreihe zu arbeiten, damit eine saubere Verbindung entsteht.

*1. Reihe: 4 M li, 3 x [1 M li, 8 M li], 1 M re, 4 M li.
2. Reihe: 2 M re, 3 x [5 M li, 4 M re], 5 M li, 2 M re.
3. Reihe: 2 M li, 3 x [5 M re, 4 M li], 5 M re, 2 M li.
4. Reihe: 3 M re, 3 x [3 M li, 6 M re], 3 M li, 3 M re.
5. Reihe: 3 M li, 3 x [3 M re, 6 M li], 3 M re, 3 M li.
6.–9. Reihe: Die 4. und 5. R noch 2 x wdh.

10. Reihe: 4 M re, 3 x [1 M li, 8 M re], 1 M li, 4 M re.
11. Reihe: 4 M li, 3 x [1 M re, 8 M li], 1 M re, 4 M li.
12. Reihe: 4 M re, 3 x [1 M li, 8 M re], 1 M li, 4 M re.
13. Reihe: 4 x [8 M li, 1 M re].
14. Reihe: 3 M li, 3 x [4 M re, 5 M li], 4 M re, 2 M li.
15. Reihe: 2 M re, 3 x [4 M li, 5 M re], 4 M li, 3 M re.
16. Reihe: 2 M li, 3 x [6 M re, 3 M li], 6 M re, 1 M li.
17. Reihe: 1 M re, 3 x [6 M li, 3 M re], 6 M li, 2 M re.
18.–21. Reihe: Die 16. und 17. R noch 2 x wdh.
22. Reihe: 4 x [1 M li, 8 M re].
23. Reihe: 4 x [8 M li, 1 M re].
24. Reihe: 4 x [1 M li, 8 M re].
25.–48. Reihe: Die 1.–24. R wdh. **

Einzelne Quadrate

36 M anschl.
Von * bis ** str.
Alle M abk.

06 / Wildwasser

Das wild wirbelnde Wasser in diesem Muster-
quadrat entsteht durch große Felsen im Fluss, die
das Wasser zwingen, um sie herum zu fließen.
Dadurch bilden sich stromabwärts hinter dem
Hindernis Turbulenzen. Ich habe versucht, die
Dynamik des Wassers durch einige Maschen im
Perlmuster einzufangen, die das schäumende
Wasser rund um die Felsen betonen.

In einem Stück gestrickte Decke

Jede Reihe über die Breite der Decke hinweg so oft wiederholen, wie für die gewünschte Deckengröße erforderlich.

* 1. und 2. Reihe: 2 R glatt re str.
3. Reihe: 16 M re, 5 x [1 M li, 1 M re], 1 M li, 9 M re.
4. Reihe: 6 M li, 9 x [1 M re, 1 M li], 1 M re, 11 M li.
5. Reihe: 8 M re, 11 x [1 M li, 1 M re], 1 M li, 5 M re.
6. Reihe: 4 M li, 1 M re, 1 M li, 7 M re, 6 x [1 M li, 1 M re], 11 M li.
7. Reihe: 12 M re, 5 x [1 M li, 1 M re], 9 M li, 5 M re.
8. Reihe: 6 M li, 9 M re, 3 x [1 M li, 1 M re], 15 M li.
9. Reihe: 18 M re, 2 x [1 M li, 1 M re], 8 M li, 6 M re.
10. Reihe: 7 M li, 6 M re, 23 M li.
11. Reihe: 24 M re, 4 M li, 8 M re.
12.–14. Reihe: 3 R glatt re str (12. R = Rückr li M).
15. Reihe: 10 M re, 5 x [1 M li, 1 M re], 1 M li, 15 M re.

16. Reihe: 12 M li, 9 x [1 M re, 1 M li], 1 M re, 5 M li.
17. Reihe: 2 M re, 11 x [1 M li, 1 M re], 1 M li, 11 M re.
18. Reihe: 10 M li, 1 M re, 1 M li, 7 M re, 6 x [1 M li, 1 M re], 5 M li.
19. Reihe: 6 M re, 5 x [1 M li, 1 M re], 9 M li, 11 M re.
20. Reihe: 12 M li, 9 M re, 3 x [1 M li, 1 M re], 9 M li.
21. Reihe: 12 M re, 2 x [1 M li, 1 M re], 8 M li, 12 M re.
22. Reihe: 13 M li, 6 M re, 17 M li.
23. Reihe: 18 M re, 4 M li, 14 M re.
24. Reihe: Li M str bis R-Ende.
25.–48. Reihe: Die 1.–24. R wdh. **

Einzelne Quadrate

36 M anschl.
Von * bis ** str.
Alle M li abk.

	1	2	3	4	5	6	7	8	9	10	11	12	13	14	15	16	17	18	19	20	21	22	23	24	25	26	27	28	29	30	31	32	33	34	35	36	
48																																					48
47															x	x	x	x																			47
46														x	x	x	x	x	x																		46
45													x	x	x	x	x	x	x	x		x		x													45
44													x	x	x	x	x	x	x	x	x		x		x		x										44
43												x	x	x	x	x	x	x	x	x		x		x		x		x		x							43
42											x		x	x	x	x	x	x	x		x		x		x		x		x		x						42
41												x		x		x		x		x		x		x		x		x		x		x		x			41
40													x		x		x		x		x		x		x		x		x		x						40
39																x		x		x		x		x		x											39
38																																					38
37																																					37
36																																					36
35									x	x	x	x																									35
34								x	x	x	x	x	x																								34
33							x	x	x	x	x	x	x	x		x		x																			33
32							x	x	x	x	x	x	x	x	x		x		x		x																32
31						x	x	x	x	x	x	x	x	x		x		x		x		x		x													31
30					x		x	x	x	x	x	x	x		x		x		x		x		x		x												30
29						x		x		x		x		x		x		x		x		x		x		x		x									29
28							x		x		x		x		x		x		x		x		x		x												28
27										x		x		x		x		x		x																	27
26																																					26
25																																					25
24																																					24
23		14													x	4	x	x																	18		23
22		13												x	x	6	x	x	x																17		22
21		12											x	x	x	8	x	x	x	x		x		x											12		21
20		12											x	x	x	9	x	x	x	x	x		x		x		x								9		20
19		11										x	x	x	x	9	x	x	x	x		x		x		x		x		x					6		19
18		10									x		x	x	x	7	x	x	x		x		x		x		x		x		x				5		18
17		11										x		x		x		x		x		x		x		x		x		x		x		x			17
16		12											x		x		x		x		x		x		x		x		x		x				5		16
15		15														x		x		x		x		x		x									10		15
14																																					14
13																																					13
12																																					12
11		8							x	4	x	x																							24		11
10		7						x	x	6	x	x	x																						23		10
9		6					x	x	x	8	x	x	x	x		x		x																	18		9
8		6					x	x	x	9	x	x	x	x	x		x		x		x														15		8
7		5				x	x	x	x	9	x	x	x	x		x		x		x		x		x											12		7
6		4			x		x	x	x	7	x	x	x		x		x		x		x		x		x										11		6
5		5				x		x		x		x		x		x		x		x		x		x		x		x							8		5
4		6					x		x		x		x		x		x		x		x		x		x										11		4
3		9								x		x		x		x		x		x															16		3
2																																					2
1																																					1
	36	35	34	33	32	31	30	29	28	27	26	25	24	23	22	21	20	19	18	17	16	15	14	13	12	11	10	9	8	7	6	5	4	3	2	1	

Strand

Strände bieten eine Vielfalt charakteristischer Muster für eine Decke mit Küstenthema. Der trockene Sand oberhalb der Flutlinie kann mit den Fußspuren vieler Menschen durchzogen sein, so wie in den Mustern **Viele Fußspuren**, **Wenige Fußspuren** und **Kombinierte Fußspuren** im Kapitel Gelände. Jenseits der Flutlinie finden sich verschiedene Muster im nassen Sand, die nur von dem einen oder anderen Hund und seinem Menschen durchbrochen werden.

Besonders faszinierend sind die Wellen im Sand, die sich in manchen nassen Bereichen zeigen und hier im Muster **Sandrippeln** dargestellt werden. Die Rippeln entstehen durch die turbulente Bewegung des Wassers über dem Sand. Sie verschwinden, wenn die Flut abläuft, bleiben aber in Becken erhalten, in denen das Wasser steht, bis es im Sand versickert. Kleine Kieselsteine und andere Objekte erzeugen diagonale Muster im Sand, wenn das Wasser bei Ebbe zurückweicht. Kleine „Kiesel" aus glatt linkem Gestrick im Muster **Kiesiger Sand** bilden diese schrägen Linien. Das Muster **Kombinierter nasser Sand** verbindet die Muster **Sandrippeln** und **Kiesiger Sand** in einem einzigen Quadrat.

Ein Kiesstrand wirkt ganz anders als ein Sandstrand, aber an einem stürmischen Tag bietet er ein atemberaubendes Erlebnis – mit dem Geräusch der Wellen, die am Kies brechen, dem ohrenbetäubenden Tosen, wenn die Kieselsteine von der zurückweichenden Welle ins Meer gespült werden. Hier finden Sie Quadrate mit Kieselsteinen in drei Größen, entweder um die Unterschiede darzustellen oder die Perspektive vom Strand aus wiederzugeben.

Anblick und Geräusche der Wellen, die an den Strand prallen und ablaufen, wirken geradezu therapeutisch. Die Wellen können sich durch lokale Winde gebildet haben oder in Form einer Dünung große Strecken zurückgelegt haben, bevor sie ans Ufer schlagen. Der brechende Teil der Welle breitet sich nach und nach entlang der Welle aus, während sie sich dem Ufer nähert, weshalb ich Quadrate mit Brechern in zwei Größen gestaltet habe: **Große brechende Wellen** und **Kleine brechende Wellen**. Die Decke **Kiesstrand** zeigt, wie sich diese Quadrate zusammenfügen lassen. Für eine kleinere Decke werden beide Muster zum Quadrat **Kombinierte brechende Wellen** verbunden.

Muster mit Palmen verleihen Ihrer Stranddecke eine tropische Note. Die Stämme von Palmen zeigen eine unterschiedliche Struktur. Das Quadrat **Palmenstämme** stellt Dattelpalmen dar, deren Stämme im Vergleich zu denen anderer Palmen rau sind. Die Blattwedel am oberen Ende des Stammes werden im komplexen Muster **Palmwedel** wiedergegeben, das die Struktur der gefiederten Blätter einer Dattel- oder Kokospalme nachzeichnet.

07 / **Sandrippeln**

In einem Stück gestrickte Decke

Jede Reihe über die Breite der Decke hinweg so oft wiederholen, wie für die gewünschte Deckengröße erforderlich.

* **1. Reihe**: Re M str bis R-Ende.
2. Reihe: 4 M re, 10 M li, 8 M re, 10 M li, 4 M re.
3. Reihe: 6 M li, 6 M re, 12 M li, 6 M re, 6 M li.
4. Reihe: Re M str bis R-Ende.
5. Reihe: 3 M re, 12 M li, 6 M re, 12 M li, 3 M re.

6. Reihe: 5 M li, 8 M re, 10 M li, 8 M re, 5 M li.
7.–48. Reihe: Die 1.–6. R noch 7 x wdh. **

Einzelne Quadrate

36 M anschl.
Von * bis ** str.
49. Reihe: Re M str bis R-Ende.
Alle M li abk.

Sandrippeln bilden unterschiedlich große Muster.

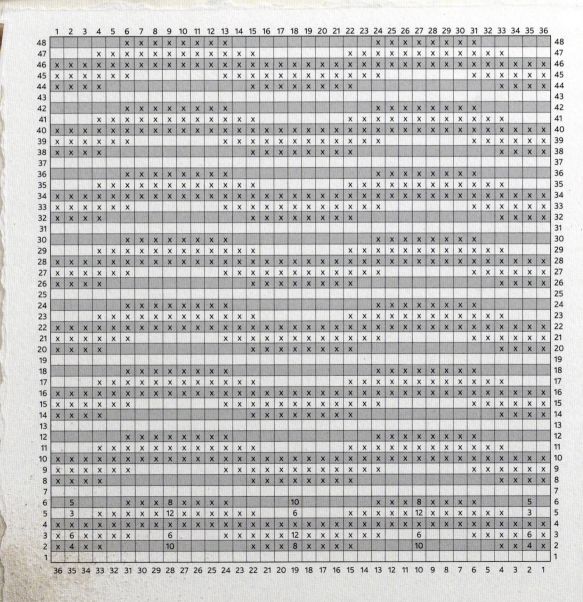

08 / Kiesiger Sand

In einem Stück gestrickte Decke

Jede Reihe über die Breite der Decke hinweg so oft wiederholen, wie für die gewünschte Deckengröße erforderlich.

* 1. Reihe: Re M str bis R-Ende.

2. Reihe: 8 M li, 2 x [2 M re, 10 M li], 2 M re, 2 M li.

3. Reihe: 2 M re, 2 x [2 M li, 10 M re], 2 M li, 8 M re.

4.–6. Reihe: 3 R glatt re str (4. R = Rückr li M).

7. Reihe: 8 M re, 2 x [2 M li, 10 M re], 2 M li, 2 M re.

8. Reihe: 2 M li, 2 x [2 M re, 10 M li], 2 M re, 8 M li.

9.–11. Reihe: 3 R glatt re str.

12.–48. Reihe: Die 2.–11. R noch 3 x wdh, dann die 2.–8. R noch 1 x wdh. **

Einzelne Quadrate

36 M anschl.

Von * bis ** str.

49. Reihe: Re M str bis R-Ende.

Alle M li abk.

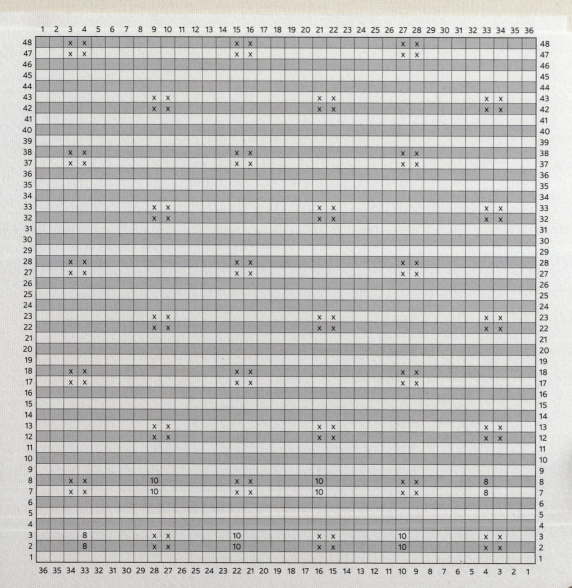

Kombinierter nasser Sand

In einem Stück gestrickte Decke

Jede Reihe über die Breite der Decke hinweg so oft wiederholen, wie für die gewünschte Deckengröße erforderlich.

* 1. Reihe: Re M str bis R-Ende.

2. Reihe: 8 M li, 2 x [2 M re, 10 M li], 2 M re, 2 M li.

3. Reihe: 2 M re, 2 x [2 M li, 10 M re], 2 M li, 8 M re.

4.–6. Reihe: 3 R glatt re str (4. R = Rückr li M).

7. Reihe: 8 M re, 2 x [2 M li, 10 M re], 2 M li, 2 M re.

8. Reihe: 2 M li, 2 x [2 M re, 10 M li], 2 M re, 8 M li.

9. und 10. Reihe: 2 R glatt re str.

11.–20. Reihe: Die 1.–10. R wdh.

21.–25. Reihe: Die 1.–5. R wdh.

26. Reihe: 4 M re, 10 M li, 8 M re, 10 M li, 4 M re.

27. Reihe: 6 M li, 6 M re, 12 M li, 6 M re, 6 M li.

28. Reihe: Re M str bis R-Ende.

29. Reihe: 3 M re, 12 M li, 6 M re, 12 M li, 3 M re.

30. Reihe: 5 M li, 8 M re, 10 M li, 8 M re, 5 M li.

31. Reihe: Re M str bis R-Ende.

32.–48. Reihe: Die 26.–31. R noch 2 x wdh, dann die 26.–30. R noch 1 x wdh. **

Einzelne Quadrate

36 M anschl.

Von * bis ** str.

49. Reihe: Re M str bis R-Ende. Alle M li abk.

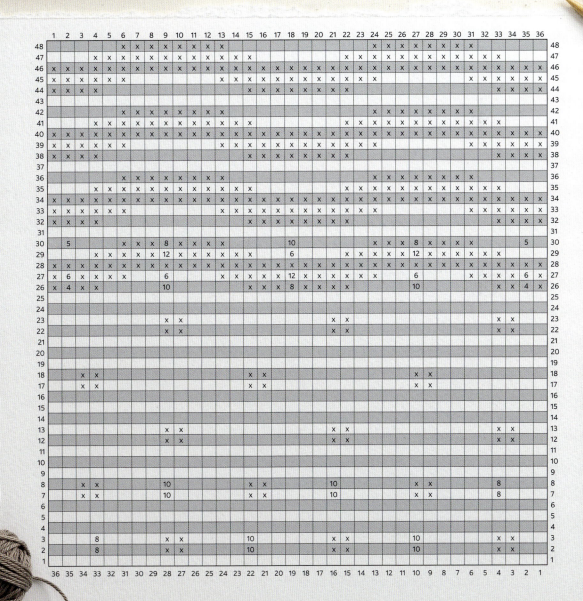

10 / Große Kieselsteine

Muster

32 M anschl.

1.–7. Reihe: 7 R glatt re str (1. R = Rückr li M).

8. Reihe (Hinr): 6 M re, 3 x [1 M re 6 R tg, 7 M re], 1 M re 6 R tg, 1 M re.

9.–17. Reihe: 9 R glatt re str (9. R = Rückr li M).

18. Reihe: 2 M re, 3 x [1 M re 6 R tg, 7 M re], 1 M re 6 R tg, 5 M re.

19.–27. Reihe: 9 R glatt re str (9. R = Rückr li M).

28.–47. Reihe: Die 8.–27. R 1 x wdh.

48.–58. Reihe: Die 8.–18. R 1 x wdh.

59. Reihe: Li M str bis R-Ende.

Alle M abk.

Ein Kiesstrand besteht aus glatten, flachen Steinen, deren Kanten über viele Jahre der Erosion hinweg vom Meer geschliffen wurden – ideal, um die Kiesel übers Wasser hüpfen zu lassen. Hier wird ein modifizierter Blasenstich mit tiefgestochenen Maschen eingesetzt, um die runden Kiesel unterschiedlicher Größe darzustellen.

Mittelgroße Kieselsteine

Muster

30 M anschl.

1.–5. Reihe: 5 R glatt re str (1. R = Rückr li M).

6. Reihe: 4 M re, 4 x [1 M re 5 R tg, 5 M re], 1 M re 5 R tg, 1 M re.

7.–13. Reihe: 7 R glatt re str (7. R = Rückr li M).

14. Reihe: 1 M re, 4 x [1 M re 5 R tg, 5 M re], 4 M re.

15.–21. Reihe: 7 R glatt re str (15. R = Rückr li M).

22.–53. Reihe: Die 6.–21. R noch 2 x wdh.

54.–62. Reihe: Die 6.–14. R noch 1 x wdh.

63. Reihe: Li M str bis R-Ende.

Alle M abk.

An einem Kiesstrand finden sich interessante Formen und Muster.

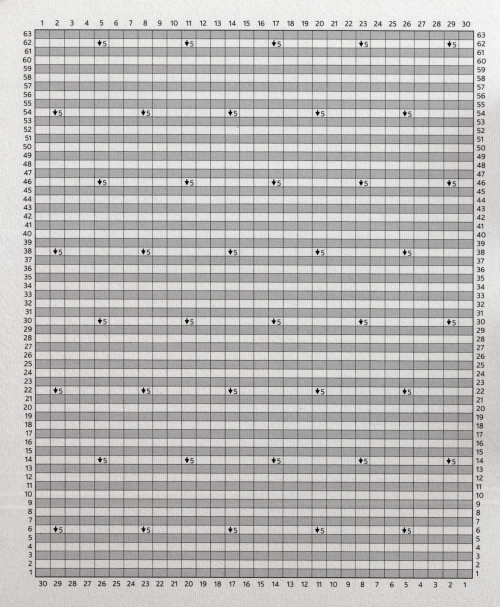

Muster

29 M anschl.

1.–5. Reihe: 5 R glatt re str (1. R = Rückr li M).

6. Reihe: 7 x [3 M re, 1 M re 4 R tg], 1 M re.

7.–11. Reihe: 5 R glatt re str (7. R = Rückr li M).

12. Reihe: 1 M re, 7 x [1 M re 4 R tg, 3 M re].

13.–60. Reihe: Die 1.–12. R noch 12 x wdh.

61. Reihe: Li M str bis R-Ende.

Alle M abk.

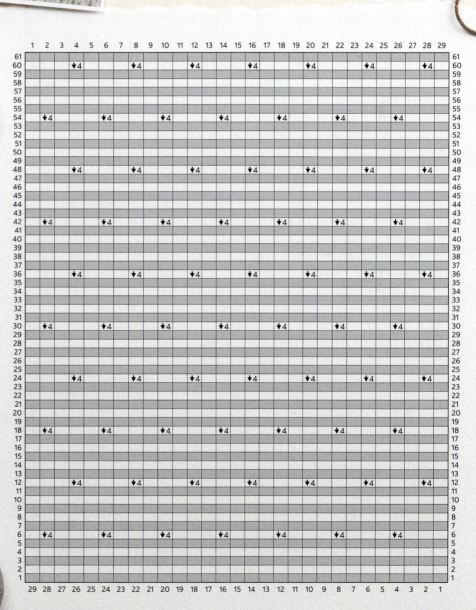

13 / Große brechende Wellen

Der Wind erzeugt kreisförmige Bewegungen an der Meeresoberfläche. Wo das Wasser flacher wird, lässt der Widerstand am Meeresboden diese Strudel kippen und eine brechende Welle entstehen. Die Gischt dieses Brechers wird hier durch glatt linkes Gestrick wiedergegeben.

In einem Stück gestrickte Decke

Jede Reihe über die Breite der Decke hinweg so oft wiederholen, wie für die gewünschte Deckengröße erforderlich.

* **1.–3. Reihe**: 3 R glatt re str.
4. Reihe: 11 M li, 14 M re, 11 M li.
5. Reihe: 9 M re, 18 M li, 9 M re.
6. Reihe: 7 M li, 22 M re, 7 M li.
7. Reihe: 6 M re, 24 M li, 6 M re.
8. Reihe: 5 M li, 26 M re, 5 M li.
9. Reihe: 4 M re, 2 M li, 24 M re, 2 M li, 4 M re.
10. Reihe: 5 M re, 26 M li, 5 M re.
11.–15. Reihe: 5 R glatt re str.
16. Reihe: 20 M li, 14 M re, 2 M li.
17. Reihe: 18 M li, 18 M re.
18. Reihe: 2 M re, 14 M li, 20 M re.
19. Reihe: 21 M li, 12 M re, 3 M li.
20. Reihe: 4 M re, 10 M li, 22 M re.
21. Reihe: 21 M li, 2 M li, 8 M re, 2 M li, 3 M re.
22. Reihe: 4 M li, 10 M re, 22 M li.
23.–27. Reihe: 5 R glatt re str.
28. Reihe: 2 M li, 14 M re, 20 M li.
29. Reihe: 18 M re, 18 M li.
30. Reihe: 20 M re, 14 M li, 2 M re.

31. Reihe: 3 M li, 12 M re, 21 M li.
32. Reihe: 22 M re, 10 M li, 4 M re.
33. Reihe: 3 M re, 2 M li, 8 M re, 2 M li, 21 M re.
34. Reihe: 22 M li, 10 M re, 4 M li.
35.–39. Reihe: 5 R glatt re str.
40. Reihe: 7 M re, 22 M li, 7 M re.
41. Reihe: 9 M li, 18 M re, 9 M li.
42. Reihe: 11 M re, 14 M li, 11 M re.
43. Reihe: 12 M li, 12 M re, 12 M li.
44. Reihe: 13 M re, 10 M li, 13 M re.
45. Reihe: 12 M li, 2 M li, 8 M re, 2 M li, 12 M re.
46. Reihe: 13 M li, 10 M re, 13 M li.
47. und 48. Reihe: 2 R glatt re str. **

Einzelne Quadrate

36 M anschl.
Von * bis ** str.
49. Reihe: Re M str bis R-Ende. Alle M li abk.

	1	2	3	4	5	6	7	8	9	10	11	12	13	14	15	16	17	18	19	20	21	22	23	24	25	26	27	28	29	30	31	32	33	34	35	36	
48																																					48
47																																					47
46			13											x	x	x	x	10	x	x	x	x	x											13			46
45			12										x	x				8					x	x										12			45
44	x	x	13	x	x	x	x	x	x	x	x	x	x					10						x	x	x	x	x	x	x	x	x	x	13	x	x	44
43	x	x	12	x	x	x	x	x	x	x	x	x						12							x	x	x	x	x	x	x	x	x	12	x	x	43
42	x	x	11	x	x	x	x	x	x	x	x							14								x	x	x	x	x	x	x	x	11	x	x	42
41	x	x	9	x	x	x	x	x	x									18										x	x	x	x	x	x	9	x	x	41
40	x	x	7	x	x	x	x											22												x	x	x	x	7	x	x	40
39																																					39
38																																					38
37																																					37
36																																					36
35																																					35
34									22														x	x	x	x	10	x	x	x	x	x					34
33									21													x	x				8					x	x				33
32	x	x	x	x	x	x	x	x	22	x	x	x	x	x	x	x	x	x	x	x	x	x					10						x	x	x	x	32
31	x	x	x	x	x	x	x	x	21	x	x	x	x	x	x	x	x	x	x	x	x						12							x	x	x	31
30	x	x	x	x	x	x	x	x	20	x	x	x	x	x	x	x	x	x	x	x							14								x	x	30
29	x	x	x	x	x	x	x	x	18	x	x	x	x	x	x	x	x	x									18										29
28			x	x	x	x	x	x	14	x	x	x	x	x	x	x											20										28
27																																					27
26																																					26
25																																					25
24																																					24
23																																					23
22					x	x	x	x	10	x	x	x	x	x													22										22
21				x	x				8					x	x												21										21
20	x	x	x	x					10						x	x	x	x	x	x	x	x	x	x	x	x	22	x	x	x	x	x	x	x	x	x	20
19	x	x	x						12							x	x	x	x	x	x	x	x	x	x	x	21	x	x	x	x	x	x	x	x	x	19
18	x	x							14								x	x	x	x	x	x	x	x	x	x	20	x	x	x	x	x	x	x	x	x	18
17									18										x	x	x	x	x	x	x	x	18	x	x	x	x	x	x	x	x	x	17
16									20												x	x	x	x	x	x	14	x	x	x	x	x	x	x			16
15																																					15
14																																					14
13																																					13
12																																					12
11																																					11
10	x	x	5	x	x													26														x	x	5	x	x	10
9			4		x	x												24													x	x		4			9
8			5			x	x	x	x	x	x	x	x	x	x	x	x	26	x	x	x	x	x	x	x	x	x	x	x	x	x			5			8
7			6				x	x	x	x	x	x	x	x	x	x	x	24	x	x	x	x	x	x	x	x	x	x	x	x				6			7
6			7					x	x	x	x	x	x	x	x	x	x	22	x	x	x	x	x	x	x	x	x	x	x					7			6
5			9							x	x	x	x	x	x	x	x	18	x	x	x	x	x	x	x	x	x							9			5
4			11									x	x	x	x	x	x	14	x	x	x	x	x	x	x									11			4
3																																					3
2																																					2
1																																					1
	36	35	34	33	32	31	30	29	28	27	26	25	24	23	22	21	20	19	18	17	16	15	14	13	12	11	10	9	8	7	6	5	4	3	2	1	

14 / **Kleine brechende Wellen**

In einem Stück gestrickte Decke

Jede Reihe über die Breite der Decke hinweg so oft wiederholen, wie für die gewünschte Deckengröße erforderlich.

*1.–3. Reihe: 3 R glatt re str.
4. Reihe: 15 M li, 6 M re, 15 M li.
5. Reihe: 13 M re, 10 M li, 13 M re.
6. Reihe: 11 M li, 14 M re, 11 M li.
7. Reihe: 10 M re, 16 M li, 10 M re.
8. Reihe: 9 M li, 18 M re, 9 M li.
9. Reihe: 8 M re, 2 M li, 16 M re, 2 M li, 8 M re.
10. Reihe: 9 M re, 18 M li, 9 M re.
11.–15. Reihe: 5 R glatt re str.
16. Reihe: 24 M li, 6 M re, 6 M li.
17. Reihe: 4 M re, 10 M li, 22 M re.
18. Reihe: 20 M li, 14 M re, 2 M li.
19. Reihe: 1 M re, 16 M li, 19 M re.
20. Reihe: 18 M li, 18 M re.
21. Reihe: 1 M li, 16 M re, 2 M li, 16 M re, 1 M li.
22. Reihe: 18 M re, 18 M li.
23.–27. Reihe: 5 R glatt re str.
28. Reihe: 6 M li, 6 M re, 24 M li.
29. Reihe: 22 M re, 10 M li, 4 M re.

30. Reihe: 2 M li, 14 M re, 20 M li.
31. Reihe: 19 M re, 16 M li, 1 M re.
32. Reihe: 18 M re, 18 M li.
33. Reihe: 1 M li, 16 M re, 2 M li, 16 M re, 1 M li.
34. Reihe: 18 M li, 18 M re.
35.–39. Reihe: 5 R glatt re str.
40. Reihe: 3 M re, 30 M li, 3 M re.
41. Reihe: 5 M li, 26 M re, 5 M li.
42. Reihe: 7 M re, 22 M li, 7 M re.
43. Reihe: 8 M li, 20 M re, 8 M li.
44. Reihe: 9 M re, 18 M li, 9 M re.
45. Reihe: 8 M re, 2 M li, 16 M re, 2 M li, 8 M re.
46. Reihe: 9 M li, 18 M re, 9 M li.
47. und 48. Reihe: 2 R glatt re str. **

Einzelne Quadrate

36 M anschl.
Von * bis ** str.
49. Reihe: Re M str bis R-Ende.
Alle M li abk.

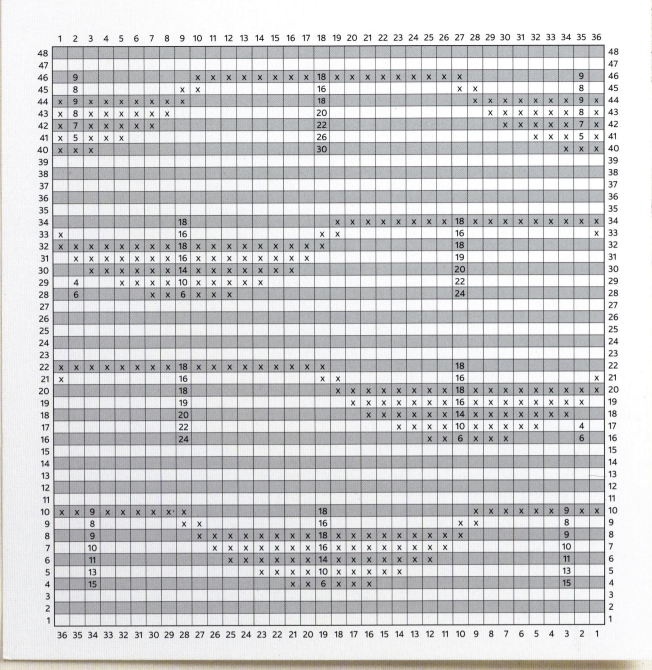

*Es wirkt geradezu hypnotisierend, zuzuschauen,
wie eine Welle wächst, während das Wasser
flacher wird, und zu versuchen, den Punkt
zu erraten, an dem sie brechen wird. Dieses
Quadrat bildet die Woge in einem früheren
Stadium als das Quadrat Große brechende
Welle ab.*

Kombinierte brechende Wellen

In einem Stück gestrickte Decke

Jede Reihe über die Breite der Decke hinweg so oft wiederholen, wie für die gewünschte Deckengröße erforderlich.

* 1.–3. Reihe: 3 R glatt re str.
4. Reihe: 11 M li, 14 M re, 11 M li.
5. Reihe: 9 M re, 18 M li, 9 M re.
6. Reihe: 7 M li, 22 M re, 7 M li.
7. Reihe: 6 M re, 24 M li, 6 M re.
8. Reihe: 5 M li, 26 M re, 5 M li.
9. Reihe: 4 M re, 2 M li, 24 M re, 2 M li, 4 M re.
10. Reihe: 5 M re, 26 M li, 5 M re.
11.–15. Reihe: 5 R glatt re str.
16. Reihe: 20 M li, 14 M re, 2 M li.
17. Reihe: 18 M li, 18 M re.
18. Reihe: 2 M re, 14 M li, 20 M re.
19. Reihe: 21 M li, 12 M re, 3 M li.
20. Reihe: 4 M re, 10 M li, 22 M re.
21. Reihe: 21 M re, 2 M li, 8 M re, 2 M li, 3 M re.
22. Reihe: 4 M li, 10 M re, 22 M li.
23.–27. Reihe: 5 R glatt re str.
28. Reihe: 6 M li, 6 M re, 24 M li.
29. Reihe: 22 M re, 10 M li, 4 M re.
30. Reihe: 2 M li, 14 M re, 20 M li.
31. Reihe: 19 M re, 16 M li, 1 M re.
32. Reihe: 18 M re, 18 M li.
33. Reihe: 1 M li, 16 M re, 2 M li, 16 M re, 1 M li.
34. Reihe: 18 M li, 18 M re.

35.–39. Reihe: 5 R glatt re str.
40. Reihe: 3 M re, 30 M li, 3 M re.
41. Reihe: 5 M li, 26 M re, 5 M li.
42. Reihe: 7 M re, 22 M li, 7 M re.
43. Reihe: 8 M li, 20 M re, 8 M li.
44. Reihe: 9 M re, 18 M li, 9 M re.
45. Reihe: 8 M re, 2 M li, 16 M re, 2 M li, 8 M re.
46. Reihe: 9 M li, 18 M re, 9 M li.
47. und 48. Reihe: 2 R glatt re str. **

Einzelne Quadrate

36 M anschl.
Von * bis ** str.
49. Reihe: Re M str bis R-Ende.
Alle M li abk.

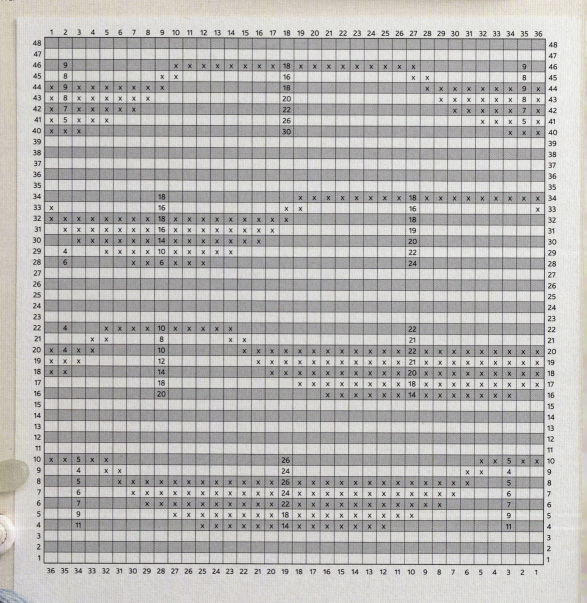

16 / Palmenstämme

In einem Stück gestrickte Decke

Jede Reihe über die Breite der Decke hinweg so oft wiederholen, wie für die gewünschte Deckengröße erforderlich. Hinweis: Falls Sie nach dem vorhergehenden Muster die Garnfarbe wechseln, stricken Sie in der 1. Reihe alle Maschen rechts, statt die unten angegebene Musterreihe zu arbeiten, damit eine saubere Verbindung entsteht.

* **1. Reihe:** 2 M re, 1 M li, 2 M re, 8 M li, 2 x [3 M re, 1 M li], 2 M re, 8 M li, 3 M re, 1 M li, 1 M re.

2. Reihe: 1 M li, 1 M re, 3 M li, 8 M re, 2 M li, 2 x [1 M re, 3 M li], 8 M re, 2 M li, 1 M re, 2 M li.

3. Reihe: 2 M re, 1 M li, 2 M re, 8 M li, 2 x [3 M re, 1 M li], 2 M re, 8 M li, 3 M re, 1 M li, 1 M re.

4. Reihe: 1 M re, 1 M li, 3 M re, 1 M li, 9 M re, 2 x [1 M li, 3 M re], 1 M li, 9 M re, 1 M li, 2 M re.

5. Reihe: 1 M li, 3 M re, 8 M li, 2 M re, 2 x [1 M li, 3 M re], 8 M li, 2 M re, 1 M li, 3 M re.

6. Reihe: 3 M li, 1 M re, 2 M li, 8 M re, 2 x [3 M li, 1 M re], 2 M li, 8 M re, 3 M li, 1 M re.

7. Reihe: 1 M li, 3 M re, 8 M li, 2 M re, 2 x [1 M li, 3 M re], 8 M li, 2 M re, 1 M li, 3 M re.

8. Reihe: 3 M re, 1 M li, 9 M re, 2 x [1 M li, 3 M re], 1 M li, 9 M re, 1 M li, 3 M re, 1 M li.

9.–48. Reihe: Die 1.–8. R noch 5 x wdh.

Einzelne Quadrate

36 M anschl.
Von * bis ** str.
Alle M abk.

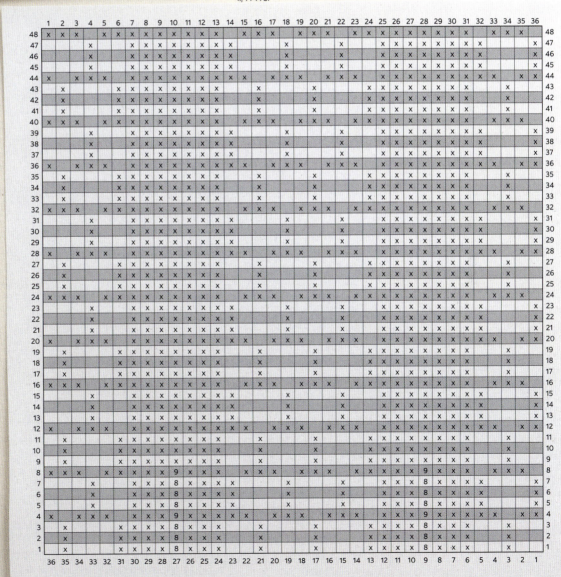

17 / Palmwedel

Der Anblick von Palmwedeln, die sich in der Brise wiegen, erinnert immer an die Tropen, auch wenn der Himmel darüber vielleicht gerade nicht so sonnig ist. Dies ist ein recht komplexes Muster mit vielen Wechseln zwischen rechten und linken Maschen, um gefiederte Wedel darzustellen. Sie sollten sich deshalb bei der Arbeit daran gut konzentrieren.

In einem Stück gestrickte Decke

Jede Reihe über die Breite der Decke hinweg so oft wiederholen, wie für die gewünschte Deckengröße erforderlich. Hinweis: Falls Sie nach dem vorhergehenden Muster die Garnfarbe wechseln, stricken Sie in der 1. Reihe alle Maschen rechts, statt die unten angegebene Musterreihe zu arbeiten, damit eine saubere Verbindung entsteht.

* 1. Reihe: 4 M li, 9 M re, 9 M li, 9 M re, 5 M li.

2. Reihe: 4 M re, 11 M li, 7 M re, 11 M li, 3 M re.

3. Reihe: 4 M li, 4 x [1 M re, 1 M li], 1 M re, 9 M li, 4 x [1 M re, 1 M li], 1 M re, 5 M li.

4. Reihe: 4 M re, 5 x [1 M li, 1 M re], 1 M li, 7 M re, 5 x [1 M li, 1 M re], 1 M li, 3 M re.

5. Reihe: 2 M li, 1 M re, 29 M li, 1 M re, 3 M li.

6. Reihe: 4 M re, 5 x [1 M li, 1 M re], 1 M li, 7 M re, 5 x [1 M li, 1 M re], 1 M li, 3 M re.

7. Reihe: 2 M li, 6 x [1 M re, 1 M li], 1 M re, 5 M li, 6 x [1 M re, 1 M li], 1 M re, 3 M li.

8. Reihe: 2 M re, 9 M li, 3 x [1 M re, 1 M li], 3 M re, 3 x [1 M li, 1 M re], 9 M li, 1 M re.

9. Reihe: 9 M re, 2 x [1 M li, 1 M re], 2 M li, 1 M re, 3 M li, 1 M re, 2 M li, 2 x [1 M re, 1 M li], 10 M re.

10. Reihe: 9 M li, 2 x [1 M re, 1 M li], 3 x [3 M re, 1 M li], 1 M re, 1 M li, 1 M re, 8 M li.

11. Reihe: 7 M re, 4 x [1 M re, 1 M li], 5 M li, 4 x [1 M re, 1 M li], 8 M re.

12. Reihe: 7 M li, 2 x [1 M re, 1 M li], 4 M re, 1 M li, 5 M re, 1 M li, 4 M re, 2 x [1 M li, 1 M re], 6 M li.

13. Reihe: 5 M re, 2 x [1 M li, 1 M re], 4 x [2 M li, 1 M re, 1 M li, 1 M re], 1 M li, 6 M re.

14. Reihe: 5 M li, 3 x [1 M re, 1 M li], 3 M re, 2 M li, 5 M re, 2 M li, 3 M re, 3 x [1 M li, 1 M re], 4 M li.

15. Reihe: 3 M re, 14 x [1 M li, 1 M re], 1 M li, 4 M re.

16. Reihe: 3 M li, 2 x [1 M re, 1 M li], 1 M re, 2 M li, 2 x [3 M re, 1 M li, 2 M re, 1 M li], 3 M re, 2 M li, 2 x [1 M re, 1 M li], 1 M re, 2 M li.

17. Reihe: 3 x [1 M re, 1 M li], 2 M re, 3 x [1 M li, 1 M re], 2 x [2 M li, 1 M re, 1 M li, 1 M re], 1 M li, 1 M re, 1 M li, 2 M re, 2 x [1 M li, 1 M re], 1 M li, 2 M re.

18. Reihe: 3 M li, 1 M re, 1 M li, 1 M re, 3 M li, 3 M re, 2 M li, 2 M re, 1 M li, 3 M re, 1 M li, 2 M re, 2 M li, 3 M re, 3 M li, 1 M re, 1 M li, 1 M re, 2 M li.

19. Reihe: 2 x [1 M re, 1 M li], 3 M re, 2 x [1 M li, 1 M re], 2 x [2 M li, 1 M re], 1 M li, 1 M re, 2 x [2 M li, 1 M re], 1 M li, 1 M re, 1 M li, 3 M re, 1 M li, 1 M re, 1 M li, 2 M re.

20. Reihe: 8 M li, 3 M re, 2 M li, 2 x [3 M re, 1 M li], 3 M re, 2 M li, 3 M re, 7 M li.

21. Reihe: 6 M re, 2 x [1 M li, 1 M re], 2 M li, 5 x [1 M re, 1 M li], 1 M re, 2 M li, 2 x [1 M re, 1 M li], 7 M re.

22. Reihe: 7 M li, 3 M re, 3 M li, 2 x [3 M re, 1 M li], 3 M re, 3 M li, 3 M re, 6 M li.

23. Reihe: 5 M re, 12 x [1 M li, 1 M re], 1 M li, 6 M re.

24. Reihe: 6 M li, 3 M re, 3 M li, 2 x [3 M re, 2 M li], 3 M re, 3 M li, 3 M re, 5 M li.

25. Reihe: 4 M re, 5 x [1 M li, 1 M re], 2 M li, 1 M re, 1 M li, 2 M re, 1 M li, 5 x [1 M re, 1 M li], 5 M re.

26. Reihe: 5 M li, 3 M re, 4 M li, 2 x [3 M re, 2 M li], 2 x [3 M re, 4 M li].

27. Reihe: 3 M re, 2 x [1 M li, 1 M re], 1 M li, 2 M re, 2 x [1 M li, 1 M re], 2 x [2 M li, 1 M re, 1 M li, 1 M re], 1 M li, 2 M re, 2 x [1 M li, 1 M re], 1 M li, 4 M re.

28. Reihe: 2 x [4 M li, 3 M re], 2 x [3 M li, 3 M re], 4 M li, 3 M re, 3 M li.

29. Reihe: 2 M re, 2 x [1 M li, 1 M re], 1 M li, 2 M re, 8 x [1 M li, 1 M re], 1 M li, 2 M re, 2 x [1 M li, 1 M re], 1 M li, 3 M re.

30. Reihe: 3 M li, 3 M re, 5 M li, 2 x [3 M re, 3 M li], 3 M re, 5 M li, 3 M re, 2 M li.

31. Reihe: 3 x [1 M re, 1 M li], 3 M re, 8 x [1 M li, 1 M re], 1 M li, 3 M re, 2 x [1 M li, 1 M re], 1 M li, 2 M re.

32. Reihe: 3 M li, 3 M re, 4 x [4 M li, 3 M re], 2 M li.

33. Reihe: 8 M re, 2 x [1 M li, 1 M re], 1 M li, 2 M re, 2 x [1 M li, 1 M re], 1 M li, 2 M re, 2 x [1 M li, 1 M re], 1 M li, 9 M re.

34. Reihe: 10 M li, 2 x [3 M re, 4 M li], 3 M re, 9 M li.

35. Reihe: 8 M re, 2 x [1 M li, 1 M re], 1 M li, 2 M re, 2 x [1 M li, 1 M re], 1 M li, 2 M re, 2 x [1 M li, 1 M re], 1 M li, 9 M re.

36. Reihe: 9 M li, 2 x [3 M re, 5 M li], 3 M re, 8 M li.

37. Reihe: 7 M re, 2 x [1 M li, 1 M re], 1 M li, 3 M re, 2 x [1 M li, 1 M re], 1 M li, 3 M re, 2 x [1 M li, 1 M re], 1 M li, 8 M re.

38. Reihe: 9 M li, 2 x [3 M re, 5 M li], 3 M re, 8 M li.

39. Reihe: 7 M re, 2 x [1 M li, 1 M re], 1 M li, 3 M re, 2 x [1 M li, 1 M re], 1 M li, 3 M re, 2 x [1 M li, 1 M re], 1 M li, 8 M re.

40. Reihe: 9 M li, 1 M re, 1 M li, 1 M re, 5 M li, 3 M re, 5 M li, 1 M re, 1 M li, 1 M re, 8 M li.

41. Reihe: 15 M re, 2 x [1 M li, 1 M re], 1 M li, 16 M re.

42. Reihe: 17 M li, 3 M re, 16 M li.

43. Reihe: 15 M re, 2 x [1 M li, 1 M re], 1 M li, 16 M re.

44. Reihe: 17 M li, 3 M re, 16 M li.

45. Reihe: 15 M re, 2 x [1 M li, 1 M re], 1 M li, 16 M re.

46. Reihe: 17 M li, 1 M re, 1 M li, 1 M re, 16 M li.

47. und 48. Reihe: 2 R glatt re str. **

Einzelne Quadrate

36 M anschl.
Von * bis ** str.
Alle M abk.

Wald

In Wäldern findet sich eine breite Vielfalt an Strukturen in der Rinde der Baumstämme und in den Blattformen. Ich habe die Rinde dreier Baumarten gestaltet, aber es gibt viele Überschneidungen zwischen den Arten, sodass Sie Ihre Lieblingsstruktur auswählen können. Bei den Blattmustern in diesem Kapitel geht es mir darum, die charakteristische Form der Blätter wiederzugeben und nicht die Bäume in einem Wald naturgetreu zu reproduzieren. Die Blätter im unteren Teil eines Baumes sind zunächst groß und werden zum oberen Teil der Decke hin immer kleiner, weil sie weiter entfernt erscheinen. Die Stängel in den Blattmustern wiederholen sich vertikal zwischen den Quadraten. Wenn Sie also unterschiedliche Größen miteinander verbinden, müssen Sie die alternativen Reihen in den Anleitungen arbeiten. In einem Laubwald werden die verschiedenen Grüntöne zur Baumkrone hin immer heller. Sie können aber auch Rot-, Orange- und Brauntöne verwenden, um eine herbstliche Szenerie zu kreieren.

Die ersten vier Muster orientieren sich an einer Buche, aber die ovalen Blätter könnten auch zu einer Erle oder Ulme gehören. Das Muster **Buchenstämme** zeigt eine glatte Rinde mit gelegentlichen horizontalen Streifen. In das Muster **Mittelgroße Buchenblätter** habe ich auch die stacheligen Früchte der Buche mit den Samen, den Bucheckern darin, integriert. Die „Nüsschen" fallen im Herbst vom Baum und öffnen sich mit der Zeit langsam.

Die darauf folgenden vier Muster stellen Ahornbäume dar, eine Gattung, die viele verschiedene Arten umfasst. Ahornbäume sind für die fantastische Herbstfärbung ihres Laubes bekannt. Die hier gezeigten Muster basieren auf dem Berg-Ahorn (Acer pseudoplatanus), einer mitteleuropäischen Ahornart, die aber in ganz Europa, Nordamerika und Australasien vorkommt. Die Rinde des Berg-Ahorns ist glatt, solange der Baum jung ist, wird aber mit zunehmendem Alter knorriger – siehe das Muster **Ahornstämme**. Im Muster **Mittelgroße Ahornblätter** finden sich auch die typischen Spaltfrüchte des Ahorns, umgangssprachlich „Nasenzwicker" genannt, die beim Herabfallen propellerartig segeln und so die Samen weiter verbreiten.

Die nächsten Muster sind Eichen nachempfunden, die sich durch eine Vielfalt an Rindenstrukturen und gelappten Blattformen auszeichnen. In der Kultur vieler Länder spielen Eichen als Symbol für Stärke und Ausdauer eine besondere Rolle. Die Borke der **Eichenstämme** zeigt unverwechselbare, gebogene und gegabelte vertikale Rillen, ähnelt bei manchen Arten aber auch eher der Rinde des Berg-Ahorns. Ins Muster **Mittelgroße Eichenblätter** habe ich auch Eicheln integriert. Diese Früchte der Eiche werden von Eichhörnchen verteilt, die Wintervorräte im Boden einlagern.

Die letzten drei Muster in diesem Kapitel sind eine Mischung aus allen drei Blattmustern. Sie könnten mit verschiedenen Stamm-Mustern zu einem eindrucksvollen Laubwald kombiniert werden.

Buchenstämme

In einem Stück gestrickte Decke

Jede Reihe über die Breite der Decke hinweg so oft wiederholen, wie für die gewünschte Deckengröße erforderlich. Hinweis: Falls Sie nach dem vorhergehenden Muster die Garnfarbe wechseln, stricken Sie in der 1. Reihe alle Maschen rechts, statt die unten angegebene Musterreihe zu arbeiten, damit eine saubere Verbindung entsteht.

* 1. Reihe: 3 M li, 11 M re, 7 M li, 11 M re, 4 M li.

2. Reihe: 4 M re, 11 M li, 7 M re, 11 M li, 3 M re.

3. und 4. Reihe: Die 1. und 2. R wdh.

5. Reihe: 3 M li, 1 M re, 5 M li, 5 M re, 7 M li, 1 M re, 5 M li, 5 M re, 4 M li.

6. Reihe: 4 M re, 11 M li, 7 M re, 11 M li, 3 M re.

7. Reihe: 3 M li, 11 M re, 7 M li, 11 M re, 4 M li.

8.–11. Reihe: Die 6. und 7. R noch 2 x wdh.

12. Reihe: 4 M re, 11 M li, 7 M re, 11 M li, 3 M re.

13. Reihe: 3 M li, 5 M re, 5 M li, 1 M re, 7 M li, 5 M re, 5 M li, 1 M re, 4 M li.

14. Reihe: 4 M re, 11 M li, 7 M re, 11 M li, 3 M re.

15. Reihe: 3 M li, 11 M re, 7 M li, 11 M re, 4 M li.

16.–19. Reihe: Die 14. und 15. R noch 2 x wdh.

20. Reihe: 4 M re, 11 M li, 7 M re, 11 M li, 3 M re.

21. Reihe: 3 M li, 3 M re, 5 M li, 3 M re, 7 M li, 3 M re, 5 M li, 3 M re, 4 M li.

22. und 23. Reihe: Die 14. und 15. R wdh.

24. Reihe: 4 M re, 11 M li, 7 M re, 11 M li, 3 M re.

25.–48. Reihe: Die 1.–24. R wdh. **

Einzelne Quadrate

36 M anschl.
Von * bis ** str.
Alle M abk.

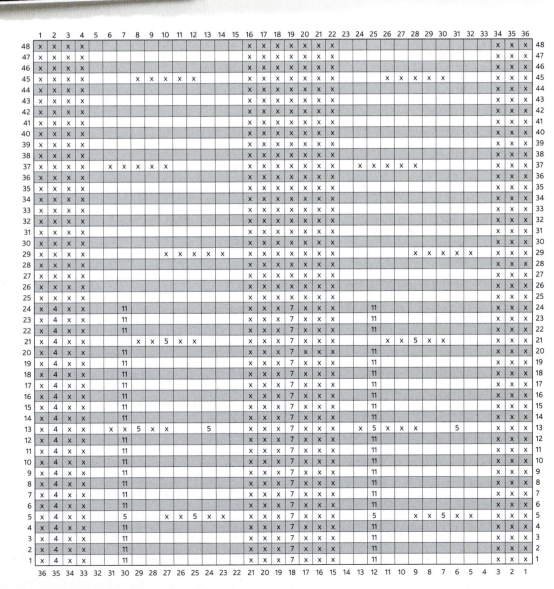

19 / Große Buchenblätter

Buchenblätter haben eine einfache ovale Form und eine glatte Oberfläche, die sich am besten durch glatt rechtes Gestrick darstellen lässt. Deshalb müssen sie vertikal angeordnet werden, damit die Blattstruktur reliefartig auf der rechten Seite der Arbeit erscheint.

In einem Stück gestrickte Decke

Jede Reihe über die Breite der Decke hinweg so oft wiederholen, wie für die gewünschte Deckengröße erforderlich. Hinweis: Falls Sie nach dem vorhergehenden Muster die Garnfarbe wechseln, stricken Sie in der 1. Reihe alle Maschen rechts, statt die unten angegebene Musterreihe zu arbeiten, damit eine saubere Verbindung entsteht.

Zur Verbindung mit großen oder mittelgroßen Blattmustern:
** **1. Reihe**: 4 x [8 M li, 1 M re].
2. Reihe: 4 x [1 M li, 8 M re].
3. Reihe: 4 x [8 M li, 1 M re].
4. Reihe: 7 M re, 5 M li, 13 M re, 5 M li, 6 M re.
5. Reihe: 5 M li, 7 M re, 11 M li, 7 M re, 6 M li.
6. Reihe: 5 M li, 9 M re, 9 M re, 9 M li, 4 M re.
7. Reihe: 3 M li, 11 M re, 7 M li, 11 M re, 4 M li.
8. Reihe: 4 M re, 11 M li, 7 M re, 11 M li, 3 M re.
9. Reihe: 2 M li, 13 M re, 5 M li, 13 M re, 3 M li.
10. Reihe: 3 M re, 13 M li, 5 M re, 13 M li, 2 M re.
11.–16. Reihe: Die 9. und 10. R noch 3 x wdh.
17. Reihe: 2 M li, 13 M re, 5 M li, 13 M re, 3 M li.
18. Reihe: 4 M re, 11 M li, 7 M re, 11 M li, 3 M re.
19. Reihe: 3 M li, 11 M re, 7 M li, 11 M re, 4 M li.
20. Reihe: 5 M re, 9 M li, 9 M re, 9 M li, 4 M re.
21. Reihe: 4 M li, 9 M re, 9 M li, 9 M re, 5 M li.
22. Reihe: 6 M re, 7 M li, 11 M re, 7 M li, 5 M re.
23. Reihe: 6 M li, 5 M re, 13 M li, 5 M re, 7 M li.
24. Reihe: 2 x [1 M li, 7 M re, 3 M li, 7 M re].
25. Reihe: 2 x [1 M re, 7 M li], 3 M re, 7 M li, 1 M re, 7 M li, 2 M re.
26. Reihe: 3 M li, 13 M re, 5 M li, 13 M re, 2 M li.
27. Reihe: 3 M re, 11 M li, 7 M re, 11 M li, 4 M re.
28. Reihe: 5 M li, 9 M re, 9 M li, 9 M re, 4 M li.
29. Reihe: 4 M re, 9 M li, 9 M re, 9 M li, 5 M re.
30. Reihe: 6 M li, 7 M re, 11 M li, 7 M re, 5 M li.
31. Reihe: 5 M re, 7 M li, 11 M re, 7 M li, 6 M re.
32. Reihe: 7 M li, 5 M re, 13 M li, 5 M re, 6 M li.
33. Reihe: 6 M re, 5 M li, 13 M re, 5 M li, 7 M re.
34.–39. Reihe: Die 32. und 33. R noch 3 x wdh.
40. Reihe: 7 M li, 5 M re, 13 M li, 5 M re, 6 M li.
41. Reihe: 5 M re, 7 M li, 11 M re, 7 M li, 6 M re.
42. Reihe: 6 M li, 7 M re, 11 M li, 7 M re, 5 M li.
43. Reihe: 4 M re, 9 M li, 9 M re, 9 M li, 5 M re.
44. Reihe: 4 M li, 11 M re, 7 M li, 11 M re, 3 M li.
45. Reihe: 2 M re, 13 M li, 5 M re, 13 M li, 3 M re.
46. Reihe: 4 x [1 M li, 8 M re].
47. Reihe: 4 x [8 M li, 1 M re].
48. Reihe: 4 x [1 M li, 8 M re]. ***

Zum Anschluss unterhalb von kleinen Blattmustern:
1.–45. Reihe: Die 1.–45. R str, wie oben beschrieben.
46. Reihe: 2 x [1 M li, 17 M re].
47. Reihe: 5 M li, 1 M re, 23 M li, 1 M re, 5 M li, 1 M re.
48. Reihe: 1 M li, 5 M re, 2 x [1 M li, 11 M re], 1 M li, 5 M re.

Einzelne Quadrate

36 M anschl.
Von * bis ** str.
Alle M abk.

Zum Anschluss unterhalb von kleinen Blattmustern:

	1	2	3	4	5	6	7	8	9	10	11	12	13	14	15	16	17	18	19	20	21	22	23	24	25	26	27	28	29	30	31	32	33	34	35	36
48		x	x	5	x	x		x	x	x	x	x	11	x	x	x	x	x		x	x	x	x	x	11	x	x	x	x	x		x	x	5	x	x
47		x	x	5	x	x		x	x	x	x	x	x	x	x	x	x	x	x	x	x	x	x	x	23	x	x	x	x	x		x	x	5	x	x
46		x	x	x	x	x	x	x	x	x	x	x	17	x	x	x	x	x		x	x	x	x	x	17	x	x	x	x	x	x	x	x	x	x	x

Zur Verbindung mit großen oder mittelgroßen Blattmustern:

	1	2	3	4	5	6	7	8	9	10	11	12	13	14	15	16	17	18	19	20	21	22	23	24	25	26	27	28	29	30	31	32	33	34	35	36
48		x	x	x	8	x	x	x	x		x	x	x	x	8	x	x	x		x	x	x	8	x	x	x	x		x	x	x	8	x	x	x	x
47		x	x	x	8	x	x	x	x		x	x	x	x	8	x	x	x		x	x	x	8	x	x	x	x		x	x	x	8	x	x	x	x
46		x	x	x	8	x	x	x	x		x	x	x	x	8	x	x	x		x	x	x	8	x	x	x	x		x	x	x	8	x	x	x	x
45				x	x	x	x	x	x	13	x	x	x	x	x	x			5			x	x	x	x	x	x	13	x	x	x	x	x	x		
44		4			x	x	x	x	x	11	x	x	x	x	x				7				x	x	x	x	x	11	x	x	x	x	x			
43		5				x	x	x	x	9	x	x	x	x					9					x	x	x	x	9	x	x	x	x			4	
42		6					x	x	x	7	x	x	x						11						x	x	x	7	x	x	x				5	
41		6					x	x	x	7	x	x	x						11						x	x	x	7	x	x	x				5	
40		7						x	x	5	x	x							13							x	x	5	x	x					6	
39		7						x	x	5	x	x							13							x	x	5	x	x					6	
38		7						x	x	5	x	x							13							x	x	5	x	x					6	
37		7						x	x	5	x	x							13							x	x	5	x	x					6	
36		7						x	x	5	x	x							13							x	x	5	x	x					6	
35		7						x	x	5	x	x							13							x	x	5	x	x					6	
34		7						x	x	5	x	x							13							x	x	5	x	x					6	
33		7						x	x	5	x	x							13							x	x	5	x	x					6	
32		7						x	x	5	x	x							13							x	x	5	x	x					6	
31		6					x	x	x	7	x	x	x						11						x	x	x	7	x	x	x				5	
30		6					x	x	x	7	x	x	x						11						x	x	x	7	x	x	x				5	
29		5				x	x	x	x	9	x	x	x	x					9					x	x	x	x	9	x	x	x	x			4	
28		5				x	x	x	x	9	x	x	x	x					9					x	x	x	x	9	x	x	x	x			4	
27		4			x	x	x	x	x	11	x	x	x	x	x				7				x	x	x	x	x	11	x	x	x	x	x			
26				x	x	x	x	x	x	13	x	x	x	x	x	x			5			x	x	x	x	x	x	13	x	x	x	x	x	x		
25			x	x	x	7	x	x	x		x	x	x	7	x	x	x				x	x	x	7	x	x	x		x	x	x	7	x	x	x	
24		x	x	x	7	x	x	x				x	x	x	7	x	x	x		x	x	x	7	x	x	x				x	x	x	x	7	x	x
23	x	x	7	x	x	x	x			5			x	x	x	x	x	x	13	x	x	x	x	x	x			5			x	x	x	6	x	x
22	x	x	6	x	x	x				7				x	x	x	x	x	11	x	x	x	x	x				7				x	x	5	x	x
21	x	x	5	x	x					9					x	x	x	x	9	x	x	x	x					9					x	4	x	x
20	x	x	5	x	x					9					x	x	x	x	9	x	x	x	x					9					x	4	x	x
19	x	x	4	x						11						x	x	x	7	x	x	x						11						x	x	x
18	x	x	4	x						11						x	x	x	7	x	x	x						11						x	x	x
17	x	x	x							13							x	x	5	x	x							13							x	x
16	x	x	x							13							x	x	5	x	x							13							x	x
15	x	x	x							13							x	x	5	x	x							13							x	x
14	x	x	x							13							x	x	5	x	x							13							x	x
13	x	x	x							13							x	x	5	x	x							13							x	x
12	x	x	x							13							x	x	5	x	x							13							x	x
11	x	x	x							13							x	x	5	x	x							13							x	x
10	x	x	x							13							x	x	5	x	x							13							x	x
9	x	x	x							13							x	x	5	x	x							13							x	x
8	x	x	4	x						11						x	x	x	7	x	x	x						11						x	x	x
7	x	x	4	x						11						x	x	x	7	x	x	x						11						x	x	x
6	x	x	5	x	x					9					x	x	x	x	9	x	x	x	x					9					x	4	x	x
5	x	x	x	x	6	x				7				x	x	x	x	x	11	x	x	x	x	x				7				x	x	5	x	x
4	x	x	x	x	7	x	x			5			x	x	x	x	x	x	13	x	x	x	x	x	x			5			x	x	x	6	x	x
3		x	x	x	8	x	x	x	x		x	x	x	x	8	x	x	x		x	x	x	8	x	x	x	x		x	x	x	8	x	x	x	x
2		x	x	x	8	x	x	x	x		x	x	x	x	8	x	x	x		x	x	x	8	x	x	x	x		x	x	x	8	x	x	x	x
1		x	x	x	8	x	x	x	x		x	x	x	x	8	x	x	x		x	x	x	8	x	x	x	x		x	x	x	8	x	x	x	x
	36	35	34	33	32	31	30	29	28	27	26	25	24	23	22	21	20	19	18	17	16	15	14	13	12	11	10	9	8	7	6	5	4	3	2	1

Als Kind kam ich auf meinem Heimweg oft an einer Buche vorbei. Ich hob eine Buchecker auf, steckte sie in die Tasche meines dicken Winter-mantels und wartete, bis sie sich öffnete. Die kleinen, dreikantigen Samen habe ich in dieses Quadrat eingebaut, um den Raum zwischen den mittelgroßen Buchenblättern auszufüllen.

In einem Stück gestrickte Decke

Jede Reihe über die Breite der Decke hinweg so oft wiederholen, wie für die gewünschte Deckengröße erfor-derlich. Hinweis: Falls Sie nach dem vorhergehenden Muster die Garn-farbe wechseln, stricken Sie in der 1. Reihe alle Maschen rechts, statt die unten angegebene Musterreihe zu arbeiten, damit eine saubere Verbindung entsteht.

Zur Verbindung mit großen oder mittelgroßen Blattmustern:
* **1. Reihe:** 4 x [8 M li, 1 M re].
2. Reihe: 4 x [1 M li, 8 M re].
3. Reihe: 4 x [8 M li, 1 M re].
4. Reihe: 7 M re, 5 M li, 13 M re, 5 M li, 6 M re.
5. Reihe: 5 M li, 7 M re, 11 M li, 7 M re, 6 M li.
6. Reihe: 5 M re, 9 M li, 9 M re, 9 M li, 4 M re.
7. Reihe: 4 M li, 9 M re, 9 M li, 9 M re, 5 M li.
8. Reihe: 4 M re, 11 M li, 7 M re, 11 M li, 3 M re.
9. Reihe: 3 M li, 11 M re, 7 M li, 11 M re, 4 M li.
10.–13. Reihe: Die 8. und 9. R noch 2 x wdh.
14. Reihe: 4 M re, 11 M li, 7 M re, 11 M li, 3 M re.
15. Reihe: 4 M li, 9 M re, 9 M li, 9 M re, 5 M li.
16. Reihe: 5 M re, 9 M li, 9 M re, 9 M li, 4 M re.
17. Reihe: 5 M li, 7 M re, 11 M li, 7 M re, 6 M li.
18. Reihe: 6 M re, 7 M li, 11 M re, 7 M li, 5 M re.
19. Reihe: 3 M li, 1 M re, 2 M li, 5 M re, 2 M li, 1 M re, 7 M li, 1 M re, 2 M li, 5 M re, 2 M li, 1 M re, 4 M li.
20. Reihe: 3 M re, 2 x [3 M li, 2 M re], 3 M li, 5 M re, 3 x [3 M li, 2 M re].

21. Reihe: 3 x [1 M li, 1 M re], 2 x [2 M li, 1 M re], 2 x [1 M li, 1 M re], 3 M li, 2 x [1 M re, 1 M li], 2 x [1 M re, 2 M li], 2 x [1 M re, 1 M li], 1 M re, 2 M li.
22. Reihe: 2 M re, 5 M li, 5 M re, 5 M li, 3 M re, 5 M li, 5 M re, 5 M li, 1 M re.
23. Reihe: 1 M li, 5 M re, 5 M li, 5 M re, 3 M li, 5 M re, 5 M li, 5 M re, 2 M li.
24. Reihe: 2 M re, 5 M li, 5 M re, 5 M li, 3 M re, 5 M li, 5 M re, 5 M li, 1 M re.
25. Reihe: 2 M li, 3 M re, 7 M li, 3 M re, 5 M li, 3 M re, 7 M li, 3 M re, 3 M li.
26. Reihe: 3 M re, 3 M li, 7 M re, 3 M li, 5 M re, 3 M li, 7 M re, 3 M li, 2 M re.
27. Reihe: 3 M li, 2 x [1 M re, 4 M li], 1 M re, 7 M li, 3 x [1 M re, 4 M li].
28. Reihe: 2 x [1 M li, 3 M re], 3 M li, 3 M re, 3 x [1 M li, 3 M re], 3 M li, 3 M re, 1 M li, 3 M re.
29. Reihe: 2 x [1 M re, 2 M li], 2 x [1 M re, 1 M li], 2 x [1 M re, 2 M li], 3 M re, 2 x [2 M li, 1 M re], 2 x [1 M li, 1 M re], 2 M li, 1 M re, 2 M li, 2 M re.
30. Reihe: 3 M li, 3 x [4 M re, 5 M li], 4 M re, 2 M li.
31. Reihe: 3 M re, 3 M li, 5 M re, 3 M li, 7 M re, 3 M li, 5 M re, 3 M li, 4 M re.
32. Reihe: 4 M li, 3 M re, 5 M li, 3 M re, 7 M li, 3 M re, 5 M li, 3 M re, 3 M li.
33. Reihe: 4 M re, 3 M li, 3 M re, 3 M li, 9 M re, 3 M li, 3 M re, 3 M li, 5 M re.
34. Reihe: 5 M li, 3 M re, 3 M li, 3 M re, 9 M li, 3 M re, 3 M li, 3 M re, 4 M li.
35. Reihe: 5 M re, 3 M li, 1 M re, 3 M li, 11 M re, 3 M li, 1 M re, 3 M li, 6 M re.
36. Reihe: 6 M li, 3 M re, 1 M li, 3 M re, 11 M li, 3 M re, 1 M li, 3 M re, 5 M li.
37. Reihe: 5 M re, 3 M li, 1 M re, 3 M li, 11 M re, 3 M li, 1 M re, 3 M li, 6 M re.
38. Reihe: 6 M li, 7 M re, 11 M li, 7 M re, 5 M li.
39. Reihe: 5 M re, 7 M li, 11 M re, 7 M li, 6 M re.
40. und 41. Reihe: Die 38. und 39. R wdh.
42. Reihe: 5 M li, 9 M re, 9 M li, 9 M re, 4 M li.

43. Reihe: 4 M re, 9 M li, 9 M re, 9 M li, 5 M re.
44. Reihe: 4 M li, 11 M re, 7 M li, 11 M re, 3 M li.
45. Reihe: 2 M re, 13 M li, 5 M re, 13 M li, 3 M re.
46. Reihe: 4 x [1 M li, 8 M re].
47. Reihe: 4 x [8 M li, 1 M re].
48. Reihe: 4 x [1 M li, 8 M re]. **

Zum Anschluss unterhalb von kleinen Blattmustern:
1.–45. Reihe: Die 1.–45. R str, wie oben beschrieben.
46. Reihe: 2 x [1 M li, 17 M re].
47. Reihe: 5 M li, 1 M re, 23 M li, 1 M re, 5 M li, 1 M re.
48. Reihe: 1 M li, 5 M re, 2 x [1 M li, 11 M re], 1 M li, 5 M re.

Einzelne Quadrate

36 M anschl.
Von * bis ** str.
Alle M abk.

Zum Anschluss unterhalb von kleinen Blattmustern:

	1	2	3	4	5	6	7	8	9	10	11	12	13	14	15	16	17	18	19	20	21	22	23	24	25	26	27	28	29	30	31	32	33	34	35	36	
48		x	x	5	x	x			x	x	x	x	x	11	x	x	x	x	x		x	x	x	x	11	x	x	x	x	x		x	x	5	x	x	48
47		x	x	5	x	x	x	x	x	x	x	x	x	23	x	x	x	x	x		x	x	x	x	x	x	x	x	x	x		x	x	5	x	x	47
46		x	x	x	x	x	x	x	x	x	x	x	x	17	x	x	x	x	x		x	x	x	x	17	x	x	x	x	x		x	x	x	x	x	46

Zur Verbindung mit großen oder mittelgroßen Blattmustern:

	1	2	3	4	5	6	7	8	9	10	11	12	13	14	15	16	17	18	19	20	21	22	23	24	25	26	27	28	29	30	31	32	33	34	35	36	
48		x	8	x	x	x	x	x	x	x		x	x	x	x	x	x	8	x		x	8	x	x	x	x	x	x		x	x	x	x	x	8	x	48
47		x	8	x	x	x	x	x	x	x		x	x	x	x	x	x	8	x		x	8	x	x	x	x	x	x		x	x	x	x	x	8	x	47
46		x	8	x	x	x	x	x	x	x		x	x	x	x	x	x	8	x		x	8	x	x	x	x	x	x		x	x	x	x	x	8	x	46
45			x	x	x	x	x	x	13	x	x	x	x	x	x	x		5			x	x	x	x	x	x	13	x	x	x	x	x	x				45
44		4		x	x	x	x	x	11	x	x	x	x	x	x		7			x	x	x	x	x	11	x	x	x	x	x				4			44
43	5				x	x	x	x	9	x	x	x	x	x		9			x	x	x	x	9	x	x	x	x	x				4					43
42	5				x	x	x	x	9	x	x	x	x	x		9			x	x	x	x	9	x	x	x	x	x				4					42
41	6					x	x	x	7	x	x	x		11			x	x	x	7	x	x	x				5										41
40	6					x	x	x	7	x	x	x		11			x	x	x	7	x	x	x				5										40
39	6					x	x	x	7	x	x	x		11			x	x	x	7	x	x	x				5										39
38	6					x	x	x	7	x	x	x		11			x	x	x	7	x	x	x				5										38
37	6					x	x	x						11			x	x	x								5										37
36	6					x	x	x						11			x	x	x								5										36
35	6						x	x						11			x	x	x								5										35
34	5					x	x	x						9			x	x	x								4										34
33	5					x	x	x						9			x	x	x								4										33
32	4				x	x	x		5				x	x	x		7			x	x	x		5				x	x	x							32
31	4				x	x	x		5				x	x	x		7			x	x	x		5				x	x	x							31
30			x	4	x	x		5				x	x	x	4	x		5		x	4	x	x		5				x	x	4	x					30
29		x	x			x	x		x			x			x	x				x	x			x			x			x	x	x	x				29
28	x	x	x		x	x	x			x	x	x		x	x	x			x	x	x			x	x			x	x	x	x	x					28
27	x	x	4	x		x	x	4	x		x	4	x		x	x	7	x	x	x		x	x	4	x		x	4	x		x	x	x				27
26	x	x	x			x	x	x	7	x	x	x			x	x	5	x	x		x	x	x	7	x	x			x	x	x						26
25	x	x	x			x	x	x	7	x	x	x			x	x	5	x	x		x	x	x	7	x	x			x	x	x						25
24	x	x			5			x	x	5	x	x			5			x	x	x		5			x	x	5	x	x		5			x			24
23	x	x			5			x	x	5	x	x			5			x	x	x		5			x	x	5	x	x		5			x			23
22	x	x			5			x	x	5	x	x			5			x	x	x		5			x	x	5	x	x		5			x			22
21	x	x			x		x		x	x	x				x			x			x		x		x			x	x			x					21
20	x	x	x			x	x			x	x			5	x	x			x	x			x	x			x	x				x	x				20
19	x	x	4	x		x	x		5			x	x		x	x	7	x	x		x	x			5			x	x		x	x	x				19
18	x	x	6	x	x	x			7				x	x	x	x	11	x	x	x	x	x			7				x	x	x	x	5	x			18
17	x	x	6	x	x	x			7				x	x	x	x	11	x	x	x	x	x			7				x	x	x	x	5	x			17
16	x	x	5	x	x				9				x	x	x	x	9	x	x	x	x	x			9				x	x	x	x	4	x			16
15	x	x	5	x	x				9				x	x	x	x	9	x	x	x	x	x			9				x	x	x	x	4	x			15
14	x	x	4	x					11				x	x	x	x	7	x	x	x					11				x	x	x	x	x				14
13	x	x	4	x					11				x	x	x	x	7	x	x	x					11				x	x	x	x	x				13
12	x	x	4	x					11				x	x	x	x	7	x	x	x					11				x	x	x	x	x				12
11	x	x	4	x					11				x	x	x	x	7	x	x	x					11				x	x	x	x	x				11
10	x	x	4	x					11				x	x	x	x	7	x	x	x					11				x	x	x	x	x				10
9	x	x	4	x					11				x	x	x	x	7	x	x	x					11				x	x	x	x	x				9
8	x	x	4	x					11				x	x	x	x	7	x	x	x					11				x	x	x	x	x				8
7	x	x	5	x	x				9			x	x	x	x	9	x	x	x	x				9				x	x	x	4	x					7
6	x	x	5	x	x				9			x	x	x	x	9	x	x	x	x				9				x	x	4	x						6
5	x	x	6	x	x	x			7				x	x	x	11	x	x	x	x	x			7				x	x	x	5	x					5
4	x	x	7	x	x	x	x		5				x	x	x	x	13	x	x	x	x	x	x		5			x	x	x	x	6	x				4
3		x	8	x	x	x	x	x		x	x	x	x	x	x	x	8	x		x	8	x	x	x	x	x	x		x	x	x	x	8	x			3
2		x	8	x	x	x	x	x		x	x	x	x	x	x	x	8	x		x	8	x	x	x	x	x	x		x	x	x	x	8	x			2
1		x	8	x	x	x	x	x		x	x	x	x	x	x	x	8	x		x	8	x	x	x	x	x	x		x	x	x	x	8	x			1

36	35	34	33	32	31	30	29	28	27	26	25	24	23	22	21	20	19	18	17	16	15	14	13	12	11	10	9	8	7	6	5	4	3	2	1

In einem Stück gestrickte Decke

Jede Reihe über die Breite der Decke hinweg so oft wiederholen, wie für die gewünschte Deckengröße erforderlich. Hinweis: Falls Sie nach dem vorhergehenden Muster die Garnfarbe wechseln, stricken Sie in der 1. Reihe alle Maschen rechts, statt die unten angegebene Musterreihe zu arbeiten, damit eine saubere Verbindung entsteht.

Zur Verbindung mit kleinen Blattmustern:

* **1. Reihe:** 6 x [5 M li, 1 M re].

2. Reihe: 3 x [1 M li, 4 M re, 3 M li, 4 M re].

3. Reihe: 3 x [3 M li, 5 M re, 3 M li, 1 M re].

4. Reihe: 4 M re, 2 x [5 M li, 7 M re], 5 M li, 3 M re.

5. Reihe: 2 M li, 2 x [7 M re, 5 M li], 7 M re, 3 M li.

6. Reihe: 3 M re, 2 x [7 M li, 5 M re], 7 M li, 2 M re.

7. und 8. Reihe: Die 5. und 6. R wdh.

9. Reihe: 2 M li, 2 x [7 M re, 5 M li], 7 M re, 3 M li.

10. Reihe: 4 M re, 2 x [5 M li, 7 M re], 5 M li, 3 M re.

11. Reihe: 3 M li, 2 x [5 M re, 7 M li], 5 M re, 4 M li.

12. Reihe: 3 x [1 M li, 4 M re, 3 M li, 4 M re].

13. Reihe: 1 M re, 5 x [3 M li, 3 M re], 3 M li, 2 M re.

14. Reihe: 2 M li, 2 x [4 M re, 1 M li, 4 M re, 3 M li], 2 x [4 M re, 1 M li].

15. Reihe: 2 M re, 2 x [7 M li, 5 M re], 7 M li, 3 M re.

16. Reihe: 3 M li, 2 x [7 M re, 5 M li], 7 M re, 2 M li.

17. Reihe: 3 M re, 2 x [5 M li, 7 M re], 5 M li, 4 M re.

18. Reihe: 4 M li, 2 x [5 M re, 7 M li], 5 M re, 3 M li.

19. und 20. Reihe: Die 17. und 18. R wdh.

21. Reihe: 3 M re, 2 x [5 M li, 7 M re], 5 M li, 4 M re.

22. Reihe: 3 M li, 2 x [7 M re, 5 M li], 7 M re, 2 M li.

23. Reihe: 2 M re, 2 x [3 M li, 1 M re, 3 M li, 5 M re], 3 M li, 1 M re, 3 M li, 3 M re.

24. Reihe: 2 M li, 2 x [4 M re, 1 M li, 4 M re, 3 M li], 4 M re, 1 M li, 4 M re, 1 M li.

25.–48. Reihe: Die 1.–24. R wdh. **

Zur Verbindung oberhalb von großen oder mittelgroßen Blattmustern:

1. Reihe: 5 M li, 2 x [1 M re, 11 M li], 1 M re, 5 M li, 1 M re.

2. Reihe: 1 M li, 4 M re, 2 x [3 M li, 9 M re], 3 M li, 4 M re.

3. Reihe: 3 M li, 2 x [5 M re, 7 M li], 5 M re, 3 M li, 1 M re.

4.–48. Reihe: Die 4.–48. R str, wie oben beschrieben (dabei die 1.–3. R für die 25.–27. R arb).

Einzelne Quadrate

36 M anschl.
Von * bis ** str.
Alle M abk.

Das Muster Kleine Buchenblätter entspricht dem Muster Große Buchenblätter, des Blickes vom Boden in die Krone wegen jedoch in geringerer Größe. Wenn Sie dieses Muster oberhalb der Quadrate Mittelgroße oder Große Buchenblätter anschließen wollen, müssen Sie bei diesem Muster ebenso wie bei den beiden anderen den entsprechenden Anleitungen folgen.

Zur Verbindung mit kleinen Blattmustern:

	1	2	3	4	5	6	7	8	9	10	11	12	13	14	15	16	17	18	19	20	21	22	23	24	25	26	27	28	29	30	31	32	33	34	35	36	
48			x	x	x	x			x	x	x	x				x	x	x	x			x	x	x	x				x	x	x	x		x	x	x	48
47				x	x	x			x	x	x						x	x	x			x	x	x					x	x	x			x	x	x	47
46			x	x	x	x	x	x	x	x	x					x	x	x	x	x		x	x	x					x	x	x	x	x	x	x	x	46
45				x	x	x	x	x									x	x	x	x		x	x	x					x	x	x	x					45
44				x	x	x	x	x									x	x	x	x		x	x	x					x	x	x	x					44
43				x	x	x	x										x	x	x	x		x	x	x					x	x	x	x					43
42				x	x	x	x	x									x	x	x	x		x	x	x					x	x	x	x	x				42
41					x	x	x	x	x								x	x	x	x		x	x	x					x	x	x	x					41
40			x	x	x	x	x	x								x	x	x	x			x	x	x					x	x	x	x	x				40
39				x	x	x	x	x	x								x	x	x	x		x	x	x					x	x	x	x					39
38			x	x	x	x	x	x				x	x	x			x	x	x	x		x	x	x				x	x	x	x		x	x	x	x	38
37			x	x	x				x	x	x					x	x	x				x	x	x				x	x	x				x	x		37
36		x	x	x	x				x	x	x	x	x		x	x	x	x			x	x	x	x			x	x	x	x			x	x	x	x	36
35	x	x	x	x					x	x	x	x	x	x	x					x	x	x	x	x	x	x							x	x	x	x	35
34	x	x	x	x					x	x	x	x	x	x	x	x				x	x	x	x	x	x	x							x	x	x	x	34
33	x	x	x						x	x	x	x	x	x						x	x	x	x										x	x			33
32	x	x	x						x	x	x	x	x	x					x	x	x	x	x										x	x	x		32
31	x	x	x						x	x	x	x	x						x	x	x	x	x										x	x			31
30	x	x	x						x	x	x	x	x	x					x	x	x	x	x										x	x	x		30
29	x	x	x						x	x	x	x	x						x	x	x	x	x										x	x			29
28	x	x	x	x				x	x	x	x	x	x					x	x	x	x	x	x									x	x	x	x		28
27		x	x	x					x	x	x	x					x	x	x	x	x											x	x	x			27
26		x	x	x	x			x	x	x	x	x	x		x	x	x	x		x	x	x	x	x			x	x	x	x			x	x	x	x	26
25		x	x	x	x	x		x	x	x	x	x	x	x		x	x	x	4	x	x	x		x	x	4	x	x	x	x		x	x	4	x	x	25
24			x	x	4	x			x	4	x	x	x			x	x	x	4	x		x	4	x	x			x	x	4	x		x	4	x	x	24
23			x	x	x				x	x	x			5			x	x	x				5				x	x	x			x	x	x	x		23
22			x	x	x	7			x	x	x			5			x	x	x	7	x	x	x			5			x	x	x	7	x	x	x		22
21		4			x	x	5	x	x					7				x	x	5	x	x			7				x	x	5	x	x				21
20		4			x	x	5	x	x					7				x	x	5	x	x			7				x	x	5	x	x				20
19		4			x	x	5	x	x					7				x	x	5	x	x			7				x	x	5	x	x				19
18		4			x	x	5	x	x					7				x	x	5	x	x			7				x	x	5	x	x				18
17		4			x	x	5	x	x					7				x	x	5	x	x			7				x	x	5	x	x				17
16			x	x	x	7			x	x	x	x			5			x	x	x	7	x	x	x			5			x	x	x	7	x	x	x	16
15			x	x	x	7			x	x	x			5			x	x	x	7	x	x	x			5			x	x	x	7	x	x	x		15
14			x	x	4	x			x	4	x	x				x	x	4	x		x	4	x	x			x	x	4	x		x	4	x	x		14
13			x	x	x				x	x	x					x	x	x			x	x					x	x	x			x	x	x			13
12		x	4	x	x				x	x	4	x		x	4	x	x			x	x	4	x		x	4	x	x			x	x	4	x			12
11	x	x	4	x			5			x	x	x	7	x	x	x			5			x	x	x	7	x	x	x			5			x	x	x	11
10	x	x	4	x			5			x	x	x	7	x	x	x			5			x	x	x	7	x	x	x			5			x	x	x	10
9	x	x	x				7			x	x	x	5	x	x				7				x	x	x	5	x	x			7			x	x	x	9
8	x	x	x				7			x	x	x	5	x	x				7			x	x	x	5	x	x			7				x	x	x	8
7	x	x	x				7			x	x	x	5	x	x				7			x	x	x	5	x	x			7				x	x	x	7
6	x	x	x				7			x	x	x	5	x	x				7			x	x	x	5	x	x			7				x	x	x	6
5	x	x	x				7			x	x	x	5	x	x				7			x	x	x	5	x	x			7				x	x	x	5
4	x	x	4	x			5			x	x	x	7	x	x	x			5			x	x	x	7	x	x	x			5			x	x	x	4
3		x	x	x			5				x	x	x	x	x		x	x	x	5			x	x	x	x	x		x	x	x	5			x	x	3
2		x	4	x	x				x	4	x			x	4	x			x	4	x			x	4	x			x	4	x			x	4	x	2
1		x	5	x	x	x			x	x	5	x	x			x	x	5	x	x		x	x	5	x	x		x	x	5	x	x		x	x	5	1

| 36 | 35 | 34 | 33 | 32 | 31 | 30 | 29 | 28 | 27 | 26 | 25 | 24 | 23 | 22 | 21 | 20 | 19 | 18 | 17 | 16 | 15 | 14 | 13 | 12 | 11 | 10 | 9 | 8 | 7 | 6 | 5 | 4 | 3 | 2 | 1 |

Zur Verbindung oberhalb von großen oder mittelgroßen Blattmustern:

	1	2	3	4	5	6	7	8	9	10	11	12	13	14	15	16	17	18	19	20	21	22	23	24	25	26	27	28	29	30	31	32	33	34	35	36	
3		x	x	x				5					x	x	x	7	x	x	x				5				x	x	x	7	x	x	x			5	3
2		x	4	x	x			x	x	x	x	x	9	x	x	x	x	x			x	x	x	x	x	9	x	x	x	x			x	4	x	x	2
1		x	x	5	x	x		x	x	x	x	x	11	x	x	x	x	x	x		x	x	x	x	11	x	x	x	x	x		x	x	5	x	x	1

| 36 | 35 | 34 | 33 | 32 | 31 | 30 | 29 | 28 | 27 | 26 | 25 | 24 | 23 | 22 | 21 | 20 | 19 | 18 | 17 | 16 | 15 | 14 | 13 | 12 | 11 | 10 | 9 | 8 | 7 | 6 | 5 | 4 | 3 | 2 | 1 |

KLEINE BUCHENBLÄTTER / WALD

22 / Ahornstämme

Manche Ahornarten, beispielsweise der Zucker-Ahorn (Acer saccharum), produzieren einen Saft, aus dem Ahornsirup hergestellt wird. Die Stämme werden angebohrt, und eine Art "Hahn" wird ange-bracht, um den Saft in Eimern zu sammeln und anschließend zu Sirup zu verarbeiten. Die Rinden-struktur dieses Quadrats soll die rauhe Borke eines ausgewachsenen Ahornbaumes darstellen.

In einem Stück gestrickte Decke

Jede Reihe über die Breite der Decke hinweg so oft wiederholen, wie für die gewünschte Deckengröße erforderlich. Hinweis: Falls Sie nach dem vorherge-henden Muster die Garnfarbe wechseln, stricken Sie in der 1. Reihe alle Maschen rechts, statt die unten angegebene Mus-terreihe zu arbeiten, damit eine saubere Verbindung entsteht.

* **1. Reihe**: 3 M li, 11 M re, 7 M re, 11 M re, 4 M li.

2. Reihe: 4 M re, 11 M li, 7 M re, 11 M li, 3 M re.

3. Reihe: 3 M li, 5 x [1 M re, 1 M li], 1 M re, 7 M li, 5 x [1 M re, 1 M li], 1 M re, 4 M li.

4. Reihe: 4 M re, 5 x [1 M li, 1 M re], 1 M li, 7 M re, 5 x [1 M li, 1 M re], 1 M li, 3 M re.

5. und 6. Reihe: Die 1. und 2. R wdh.

7. Reihe: 3 M li, 2 M re, 3 x [1 M li, 1 M re], 1 M li, 2 M re, 7 M li, 2 M re, 3 x [1 M li, 1 M re], 1 M li, 2 M re, 4 M li.

8. Reihe: 4 M re, 2 M li, 3 x [1 M re, 1 M li], 1 M re, 2 M li, 7 M re, 2 M li, 3 x [1 M re, 1 M li], 1 M re, 2 M li, 3 M re.

9.–48. Reihe: Die 1.–8. R noch 5 x wdh. **

Einzelne Quadrate

36 M anschl.
Von * bis ** str.
Alle M abk.

	1	2	3	4	5	6	7	8	9	10	11	12	13	14	15	16	17	18	19	20	21	22	23	24	25	26	27	28	29	30	31	32	33	34	35	36	
48	x	x	x	x			x		x		x		x			x	x	x	x	x	x	x			x		x		x		x			x	x	x	48
47	x	x	x	x			x		x		x		x			x	x	x	x	x	x	x			x		x		x		x			x	x	x	47
46	x	x	x	x												x	x	x	x	x	x	x												x	x	x	46
45	x	x	x	x												x	x	x	x	x	x	x												x	x	x	45
44	x	x	x	x		x		x		x		x		x		x	x	x	x	x	x	x		x		x		x		x		x		x	x	x	44
43	x	x	x	x		x		x		x		x		x		x	x	x	x	x	x	x		x		x		x		x		x		x	x	x	43
42	x	x	x	x												x	x	x	x	x	x	x												x	x	x	42
41	x	x	x	x												x	x	x	x	x	x	x												x	x	x	41
40	x	x	x	x			x		x		x		x			x	x	x	x	x	x	x			x		x		x		x			x	x	x	40
39	x	x	x	x			x		x		x		x			x	x	x	x	x	x	x			x		x		x		x			x	x	x	39
38	x	x	x	x												x	x	x	x	x	x	x												x	x	x	38
37	x	x	x	x												x	x	x	x	x	x	x												x	x	x	37
36	x	x	x	x		x		x		x		x		x		x	x	x	x	x	x	x		x		x		x		x		x		x	x	x	36
35	x	x	x	x		x		x		x		x		x		x	x	x	x	x	x	x		x		x		x		x		x		x	x	x	35
34	x	x	x	x												x	x	x	x	x	x	x												x	x	x	34
33	x	x	x	x												x	x	x	x	x	x	x												x	x	x	33
32	x	x	x	x			x		x		x		x			x	x	x	x	x	x	x			x		x		x		x			x	x	x	32
31	x	x	x	x			x		x		x		x			x	x	x	x	x	x	x			x		x		x		x			x	x	x	31
30	x	x	x	x												x	x	x	x	x	x	x												x	x	x	30
29	x	x	x	x												x	x	x	x	x	x	x												x	x	x	29
28	x	x	x	x		x		x		x		x		x		x	x	x	x	x	x	x		x		x		x		x		x		x	x	x	28
27	x	x	x	x		x		x		x		x		x		x	x	x	x	x	x	x		x		x		x		x		x		x	x	x	27
26	x	x	x	x												x	x	x	x	x	x	x												x	x	x	26
25	x	x	x	x												x	x	x	x	x	x	x												x	x	x	25
24	x	x	x	x			x		x		x		x			x	x	x	x	x	x	x			x		x		x		x			x	x	x	24
23	x	x	x	x			x		x		x		x			x	x	x	x	x	x	x			x		x		x		x			x	x	x	23
22	x	x	x	x												x	x	x	x	x	x	x												x	x	x	22
21	x	x	x	x												x	x	x	x	x	x	x												x	x	x	21
20	x	x	x	x		x		x		x		x		x		x	x	x	x	x	x	x		x		x		x		x		x		x	x	x	20
19	x	x	x	x		x		x		x		x		x		x	x	x	x	x	x	x		x		x		x		x		x		x	x	x	19
18	x	x	x	x												x	x	x	x	x	x	x												x	x	x	18
17	x	x	x	x												x	x	x	x	x	x	x												x	x	x	17
16	x	x	x	x			x		x		x		x			x	x	x	x	x	x	x			x		x		x		x			x	x	x	16
15	x	x	x	x			x		x		x		x			x	x	x	x	x	x	x			x		x		x		x			x	x	x	15
14	x	x	x	x												x	x	x	x	x	x	x												x	x	x	14
13	x	x	x	x												x	x	x	x	x	x	x												x	x	x	13
12	x	x	x	x		x		x		x		x		x		x	x	x	x	x	x	x		x		x		x		x		x		x	x	x	12
11	x	x	x	x		x		x		x		x		x		x	x	x	x	x	x	x		x		x		x		x		x		x	x	x	11
10	x	x	x	x												x	x	x	x	x	x	x												x	x	x	10
9	x	x	x	x												x	x	x	x	x	x	x												x	x	x	9
8	x	4	x	x			x		x		x		x			x	x	x	7	x	x	x			x		x		x		x			x	x	x	8
7	x	4	x	x			x		x		x		x			x	x	x	7	x	x	x			x		x		x		x			x	x	x	7
6	x	4	x	x						11						x	x	x	7	x	x	x						11						x	x	x	6
5	x	4	x	x						11						x	x	x	7	x	x	x						11						x	x	x	5
4	x	4	x	x		x		x		x		x		x		x	x	x	7	x	x	x		x		x		x		x		x		x	x	x	4
3	x	4	x	x		x		x		x		x		x		x	x	x	7	x	x	x		x		x		x		x		x		x	x	x	3
2	x	4	x	x						11						x	x	x	7	x	x	x						11						x	x	x	2
1	x	4	x	x						11						x	x	x	7	x	x	x						11						x	x	x	1
	36	35	34	33	32	31	30	29	28	27	26	25	24	23	22	21	20	19	18	17	16	15	14	13	12	11	10	9	8	7	6	5	4	3	2	1	

Ahornbäume haben fünfzackige Blätter in unterschiedlichen Formen und Größen. Wie die Buchenblätter müssen sie vertikal angeordnet werden, damit die glatte Blattstruktur auf der Vorderseite des Quadrates reliefartig hervortritt.

In einem Stück gestrickte Decke

Jede Reihe über die Breite der Decke hinweg so oft wiederholen, wie für die gewünschte Deckengröße erforderlich. Hinweis: Falls Sie nach dem vorhergehenden Muster die Garnfarbe wechseln, stricken Sie in der 1. Reihe alle Maschen rechts, statt die unten angegebene Musterreihe zu arbeiten, damit eine saubere Verbindung entsteht.

Zur Verbindung mit großen oder mittelgroßen Blattmustern:
** **1. Reihe:** 4 x [8 M li, 1 M re].
2. Reihe: 4 x [1 M li, 8 M re].
3. Reihe: 4 x [8 M li, 1 M re].
4. Reihe: 5 M re, 2 M li, 2 M re, 1 M li, 2 M re, 2 M li, 9 M re, 2 M li, 2 M re, 1 M li, 2 M re, 2 M li, 4 M re.
5. Reihe: 2 M li, 5 M re, 1 M li, 1 M re, 1 M li, 5 M re, 5 M li, 5 M re, 1 M li, 1 M re, 1 M li, 5 M re, 3 M li.
6. Reihe: 2 M re, 15 M li, 3 M re, 15 M li, 1 M re.
7. Reihe: 1 M li, 15 M re, 3 M li, 15 M re, 2 M li.
8. Reihe: 3 M re, 13 M li, 5 M re, 13 M li, 2 M re.
9. Reihe: 3 M li, 11 M re, 7 M li, 11 M re, 4 M li.
10. Reihe: 3 M re, 13 M li, 5 M re, 13 M li, 2 M re.
11. Reihe: 1 M li, 15 M re, 3 M li, 15 M re, 2 M li.
12. Reihe: 2 M re, 15 M li, 3 M re, 15 M li, 1 M re.
13. und 14. Reihe: Die 11. und 12 R wdh.
15. Reihe: 1 M li, 15 M re, 3 M li, 15 M re, 2 M li.
16. Reihe: 2 M re, 3 M li, 1 M re, 7 M li, 1 M re, 3 M li, 3 M re, 3 M li, 1 M re, 7 M li, 1 M re, 3 M li, 1 M re.
17. Reihe: 1 M li, 2 M re, 2 M li, 7 M re, 2 M li, 2 M re, 3 M li, 2 M re, 2 M li, 7 M re, 2 M li, 2 M re, 2 M li.

18. Reihe: 2 M re, 1 M li, 3 M re, 7 M li, 2 x [3 M re, 1 M li], 3 M re, 7 M li, 3 M re, 1 M li, 1 M re.
19. Reihe: 5 M li, 7 M re, 11 M li, 7 M re, 6 M li.
20. Reihe: 7 M re, 5 M li, 13 M re, 5 M li, 6 M re.
21. Reihe: 6 M li, 5 M re, 13 M li, 5 M re, 7 M li.
22. Reihe: 7 M re, 5 M li, 13 M re, 5 M li, 6 M re.
23. Reihe: 7 M li, 3 M re, 15 M li, 3 M re, 8 M li.
24. Reihe: 2 x [1 M li, 7 M re, 3 M li, 7 M re].
25. Reihe: 2 x [1 M re, 7 M li], 3 M re, 7 M li, 1 M re, 7 M li, 2 M re.
26. Reihe: 2 M li, 15 M re, 3 M li, 15 M re, 1 M li.
27. Reihe: 2 M re, 13 M li, 5 M re, 13 M li, 3 M re.
28. Reihe: 3 M li, 13 M re, 5 M li, 13 M re, 2 M li.
29. Reihe: 2 M re, 13 M li, 5 M re, 13 M li, 3 M re.
30. Reihe: 4 M li, 11 M re, 7 M li, 11 M re, 3 M li.
31. Reihe: 3 M re, 2 x [3 M li, 1 M re], 3 M li, 7 M re, 2 x [3 M li, 1 M re], 3 M li, 4 M re.
32. Reihe: 4 M li, 2 M re, 2 M li, 3 M re, 2 M li, 2 M re, 7 M li, 2 M re, 2 M li, 3 M re, 2 M li, 2 M re, 3 M li.
33. Reihe: 3 M re, 1 M li, 3 M re, 3 M li, 3 M re, 1 M li, 7 M re, 1 M li, 3 M re, 3 M li, 3 M re, 1 M li, 4 M re.
34. Reihe: 8 M li, 3 M re, 15 M li, 3 M re, 7 M li.
35. Reihe: 7 M re, 3 M li, 15 M re, 3 M li, 8 M re.
36. und 37. Reihe: Die 34. und 35. R wdh.
38. Reihe: 8 M li, 3 M re, 15 M li, 3 M re, 7 M li.
39. Reihe: 6 M re, 5 M li, 13 M re, 5 M li, 7 M re.
40. Reihe: 6 M li, 7 M re, 11 M li, 7 M re, 5 M li.

41. Reihe: 6 M re, 5 M li, 13 M re, 5 M li, 7 M re.
42. Reihe: 8 M li, 3 M re, 15 M li, 3 M re, 7 M li.
43. Reihe: 7 M re, 3 M li, 15 M re, 3 M li, 8 M re.
44. Reihe: 1 M li, 1 M re, 5 M li, 5 M re, 5 M li, 1 M re, 1 M li, 1 M re, 5 M li, 5 M re, 5 M li, 1 M re.
45. Reihe: 2 M li, 2 M re, 9 M li, 2 M re, 2 M li, 1 M re, 2 M li, 2 M re, 9 M li, 2 M re, 2 M li, 1 M re.
46. Reihe: 4 x [1 M li, 8 M re].
47. Reihe: 4 x [8 M li, 1 M re].
48. Reihe: 4 x [1 M li, 8 M re]. **

Zum Anschluss unterhalb kleiner Blattmuster:
1.–45. Reihe: Die 1.–45. R str, wie oben beschrieben.
46. Reihe: 2 x [1 M li, 17 M re].
47. Reihe: 5 M li, 1 M re, 23 M li, 1 M re, 5 M li, 1 M re.
48. Reihe: 1 M li, 5 M re, 2 x [1 M li, 11 M re], 1 M li, 5 M re.

Einzelne Quadrate

36 M anschl.
Von * bis ** str.
Alle M abk.

Zum Anschluss unterhalb kleiner Blattmuster:

	1	2	3	4	5	6	7	8	9	10	11	12	13	14	15	16	17	18	19	20	21	22	23	24	25	26	27	28	29	30	31	32	33	34	35	36	
48		x	x	5	x	x			x	x	x	x	x	11	x	x	x	x	x	x			x	x	x	x	x	11	x	x	x	x	x		x	x	5	x	x		48
47		x	x	5	x	x				x		x	x	x	x	x	x	x	x	x			x	x	x	x	x	23	x	x	x	x	x		x	x	5	x	x		47
46		x	x	x	x	x	x	x		x	x	x	x	x	x	x	x	17	x	x			x	x	x	x	x	17	x	x	x	x	x	x	x	x	x	x	x		46

Zur Verbindung mit großen oder mittelgroßen Blattmustern:

	1	2	3	4	5	6	7	8	9	10	11	12	13	14	15	16	17	18	19	20	21	22	23	24	25	26	27	28	29	30	31	32	33	34	35	36	
48		x	x	x	8	x	x	x	x				x	x	x	8	x	x	x			x	x	x	8	x	x	x	x			x	x	x	8	x	x	x	x		48
47		x	x	x	8	x	x	x	x				x	x	x	8	x	x	x	x			x	x	x	8	x	x	x	x			x	x	x	8	x	x	x	x	47
46		x	x	x	8	x	x	x	x				x	x	x	8	x	x	x	x			x	x	x	8	x	x	x	x			x	x	x	8	x	x	x	x	46
45		x	x				x	x	x	x	9	x	x	x	x			x	x			x	x			x	x	x	x	9	x	x	x	x				x	x	45
44		x				5			x	x	5	x	x				5				x			5			x	x	5	x	x				5				x	44
43	8								x	x	x							15								x	x	x						7			43
42	8								x	x	x							15								x	x	x						7			42
41	7					x	x	5	x	x								13							x	x	5	x	x					6			41
40	6				x	x	x	7	x	x	x							11					x	x	x	7	x	x	x					5			40
39	7					x	x	5	x	x								13							x	x	5	x	x					6			39
38	8								x	x	x							15								x	x	x						7			38
37	8								x	x	x							15								x	x	x						7			37
36	8								x	x	x							15								x	x	x						7			36
35	8								x	x	x							15								x	x	x						7			35
34	8								x	x	x							15								x	x	x						7			34
33	4				x				x	x	x					x		7				x				x	x	x				x					33
32	4				x	x			x	x	x				x	x		7				x	x			x	x	x			x	x					32
31	4				x	x	x		x	x	x			x	x	x		7			x	x	x			x	x	x		x	x	x					31
30	4				x	x	x	x	x	11	x	x	x	x	x	x		7		x	x	x	x	x	x	x	11	x	x	x	x	x					30
29			x	x	x	x	x	x	x	13	x	x	x	x	x	x	x		5	x	x	x	x	x	x	x	13	x	x	x	x	x	x				29
28			x	x	x	x	x	x	x	13	x	x	x	x	x	x			5	x	x	x	x	x	x	x	13	x	x	x	x	x					28
27			x	x	x	x	x	x	x	13	x	x	x	x	x	x			5	x	x	x	x	x	x	x	13	x	x	x	x						27
26			x	x	x	x	x	x	x	15	x	x	x	x	x	x	x			x	x	x	x	x	x	x	15	x	x	x	x	x	x				26
25			x	x	7	x	x	x	x			x	x	x	x	7	x	x			x	x	7	x	x	x	x		x	x	x	x	7	x	x		25
24			x	x	x	7	x	x	x				x	x	x	7	x	x	x		x	x	x	7	x	x	x			x	x	x	7	x	x	x	24
23	x	x	x	x	x	8	x	x	x				x	x	x	x	x	x	15	x	x	x	x	x	x	x			x	x	x	7	x	x	x	x	23
22	x	x	x	x	x	7	x	x			5			x	x	x	x	x	13	x	x	x	x	x	x	x	5			x	x	6	x	x	x	x	22
21	x	x	x	x	x	7	x	x			5			x	x	x	x	x	13	x	x	x	x	x	x	x	5			x	x	6	x	x	x	x	21
20	x	x	x	x	x	7	x	x			5			x	x	x	x	x	13	x	x	x	x	x	x	x	5			x	x	6	x	x	x	x	20
19	x	x	x	x	6	x			7				x	x	x	x	x		11	x	x	x	x	x			7				x	5	x	x	x	x	19
18	x	x			x	x	x		7				x	x	x		x	x	x	x			x	x			7			x	x	x	x		x	x	18
17	x	x				x	x		7				x	x			x	x	x				x	x			7			x	x	x				x	17
16	x	x					x		7				x				x	x	x				x				7			x	x					x	16
15	x	x							15							x	x	x									15								x	x	15
14	x	x							15							x	x	x									15								x	x	14
13	x	x							15							x	x	x									15								x	x	13
12	x	x							15							x	x	x									15								x	x	12
11	x	x							15							x	x	x									15								x	x	11
10	x	x	x						13						x	x	x	5	x	x	x						13							x	x	x	10
9	x	4	x	x					11					x	x	x	7	x	x	x							11					x	x	x	x		9
8	x	x	x						13						x	x	x	5	x	x	x						13							x	x	x	8
7	x	x							15							x	x	x									15								x	x	7
6	x	x							15							x	x	x									15								x	x	6
5	x	x	x			5			x			x				5				x	x	5	x	x			5			x		x		5			x	x	5
4	x	x	5	x	x			x	x			x	x			x	x	9	x	x	x	x			x	x		x	x			x	x			4	x	x	4
3		x	x	x	8	x	x	x	x			x	x	x	8	x	x	x	x			x	x	x	8	x	x	x	x			x	x	x	8	x	x	x	3
2		x	x	x	8	x	x	x	x			x	x	x	8	x	x	x	x			x	x	x	8	x	x	x	x			x	x	x	8	x	x	x	2
1		x	x	x	8	x	x	x	x			x	x	x	8	x	x	x	x			x	x	x	8	x	x	x	x			x	x	x	8	x	x	x	1

| 36 | 35 | 34 | 33 | 32 | 31 | 30 | 29 | 28 | 27 | 26 | 25 | 24 | 23 | 22 | 21 | 20 | 19 | 18 | 17 | 16 | 15 | 14 | 13 | 12 | 11 | 10 | 9 | 8 | 7 | 6 | 5 | 4 | 3 | 2 | 1 |

24 / Mittelgroße Ahornblätter

Bei den Spaltfrüchten des Ahornbaums, den bei Kindern beliebten „Nasenzwickern", unterscheidet sich der Winkel der Flügelchen von Art zu Art. Die Spaltfrüchte, die in diesem Quadrat zwischen den mittelgroßen Ahornblättern erscheinen, basieren auf denen des Berg-Ahorns, mit denen ich als Kind „Hubschrauber" spielte.

In einem Stück gestrickte Decke

Jede Reihe über die Breite der Decke hinweg so oft wiederholen, wie für die gewünschte Deckengröße erforderlich. Hinweis: Falls Sie nach dem vorhergehenden Muster die Garnfarbe wechseln, stricken Sie in der 1. Reihe alle Maschen rechts, statt die unten angegebene Musterreihe zu arbeiten, damit eine saubere Verbindung entsteht.

Zur Verbindung mit großen oder mittelgroßen Blattmustern:

* **1. Reihe**: 4 x [8 M li, 1 M re].
2. Reihe: 4 x [1 M li, 8 M re].
3. Reihe: 4 x [8 M li, 1 M re].
4. Reihe: 5 M re, 2 M li, 2 M re, 1 M li, 2 M re, 2 M li, 9 M re, 2 M li, 2 M re, 1 M li, 2 M re, 2 M li, 4 M re.
5. Reihe: 2 M li, 5 M re, 1 M li, 1 M re, 1 M li, 5 M re, 5 M li, 5 M re, 1 M li, 1 M re, 1 M li, 5 M re, 3 M li.
6. Reihe: 3 M re, 13 M li, 5 M re, 13 M li, 2 M re.
7. Reihe: 3 M li, 11 M re, 7 M li, 11 M re, 4 M li.
8. Reihe: 5 M re, 9 M li, 9 M re, 9 M li, 4 M re.
9. Reihe: 3 M li, 11 M re, 7 M li, 11 M re, 4 M li.
10. Reihe: 3 M re, 13 M li, 5 M re, 13 M li, 2 M re.
11. Reihe: 2 M li, 13 M re, 5 M li, 13 M re, 3 M li.
12. und 13. Reihe: Die 10. und 11. R wdh.
14. Reihe: 3 M re, 3 M li, 1 M re, 5 M li, 1 M re, 3 M li, 5 M re, 3 M li, 1 M re, 5 M li, 1 M re, 3 M li, 2 M re.
15. Reihe: 2 M li, 5 M re, 2 M li, 5 M re, 2 M li, 2 M re, 5 M li, 2 M re, 2 M li, 5 M re, 2 M li, 2 M re, 3 M li.
16. Reihe: 3 M re, 1 M li, 3 M re, 5 M li, 3 M re, 1 M li, 5 M re, 1 M li, 3 M re, 5 M li, 3 M re, 1 M li, 2 M re.
17. Reihe: 6 M li, 5 M re, 13 M li, 5 M re, 7 M li.

18. Reihe: 7 M re, 5 M li, 13 M re, 5 M li, 6 M re.
19. Reihe: 7 M li, 3 M re, 15 M li, 3 M re, 8 M li.
20. Reihe: 8 M re, 3 M li, 15 M re, 3 M li, 7 M re.
21. Reihe: 3 M li, 2 M re, 3 M li, 1 M re, 3 M li, 2 M re, 7 M li, 2 M re, 3 M li, 1 M re, 3 M li, 2 M re, 4 M li.
22. Reihe: 3 M re, 3 x [4 M li, 5 M re], 4 M li, 2 M re.
23. Reihe: 2 M li, 3 x [4 M re, 5 M li], 4 M re, 3 M li.
24. Reihe: 2 x [3 M re, 5 M li], 5 M re, 5 M li, 3 M re, 5 M li, 2 M re.
25. Reihe: 2 x [3 M li, 4 M re], 7 M li, 4 M re, 3 M li, 4 M re, 4 M li.
26. Reihe: 5 M re, 3 M li, 3 M re, 3 M li, 9 M re, 3 M li, 3 M re, 3 M li, 4 M re.
27. Reihe: 5 M li, 3 x [1 M re, 1 M li], 1 M re, 11 M li, 3 x [1 M re, 1 M li], 1 M re, 6 M li.
28. Reihe: 2 x [1 M li, 6 M re, 5 M li, 6 M re].
29. Reihe: 1 M re, 5 M li, 5 M re, 5 M li, 3 M re, 5 M li, 5 M re, 5 M li, 2 M re.
30. Reihe: 2 M li, 5 M re, 5 M li, 5 M re, 3 M li, 5 M re, 5 M li, 5 M re, 1 M li.
31. Reihe: 2 M re, 6 M li, 1 M re, 6 M li, 5 M re, 6 M li, 1 M re, 6 M li, 3 M re.
32. Reihe: 3 M li, 6 M re, 1 M li, 6 M re, 5 M li, 6 M re, 1 M li, 6 M re, 2 M li.
33. Reihe: 2 M re, 3 M li, 2 x [1 M re, 2 M li], 1 M re, 3 M li, 5 M re, 3 M li, 2 x [1 M re, 2 M li], 1 M re, 3 M li, 3 M re.
34. Reihe: 3 M li, 2 M re, 2 M li, 2 M re, 1 M li, 2 M re, 2 M li, 2 M re, 5 M li, 2 M re, 2 M li, 2 M re, 1 M li, 2 x [2 M re, 2 M li].
35. Reihe: 2 M re, 1 M li, 3 M re, 5 M li, 3 M re, 1 M li, 5 M re, 1 M li, 3 M re, 5 M li, 3 M re, 1 M li, 3 M re.
36. Reihe: 7 M li, 5 M re, 13 M li, 5 M re, 6 M li.
37. Reihe: 6 M re, 5 M li, 13 M re, 5 M li, 7 M re.
38. und 39. Reihe: Die 36. und 37. R wdh.

40. Reihe: 6 M li, 7 M re, 11 M li, 7 M re, 5 M li.
41. Reihe: 4 M re, 9 M li, 9 M re, 9 M li, 5 M re.
42. Reihe: 6 M li, 7 M re, 11 M li, 7 M re, 5 M li.
43. Reihe: 6 M re, 5 M li, 13 M re, 5 M li, 7 M re.
44. Reihe: 1 M li, 1 M re, 5 M li, 5 M re, 5 M li, 1 M re, 1 M li, 1 M re, 5 M li, 5 M re, 5 M li, 1 M re.
45. Reihe: 2 M li, 2 M re, 9 M li, 2 M re, 2 M li, 1 M re, 2 M li, 2 M re, 9 M li, 2 M re, 2 M li, 1 M re.
46. Reihe: 4 x [1 M li, 8 M re].
47. Reihe: 4 x [8 M li, 1 M re].
48. Reihe: 4 x [1 M li, 8 M re]. **

Zum Anschluss unterhalb kleiner Blattmuster:

1.–45. Reihe: Die 1.–45. R str, wie oben beschrieben.
46. Reihe: 2 x [1 M li, 17 M re].
47. Reihe: 5 M li, 1 M re, 23 M li, 1 M re, 5 M li, 1 M re.
48. Reihe: 1 M li, 5 M re, 2 x [1 M li, 11 M re], 1 M li, 5 M re.

Einzelne Quadrate

36 M anschl.
Von * bis ** str.
Alle M abk.

Zum Anschluss unterhalb kleiner Blattmuster:

	1	2	3	4	5	6	7	8	9	10	11	12	13	14	15	16	17	18	19	20	21	22	23	24	25	26	27	28	29	30	31	32	33	34	35	36	
48		x	x	5	x	x		x	x	x	x	x	11	x	x	x	x	x		x	x	x	x	x	11	x	x	x	x	x		x	x	5	x	x	48
47		x	x	5	x	x		x	x	x	x	x	x	x	x	x	x	x	x	x	x	x	x	x	23	x	x	x	x	x		x	x	5	x	x	47
46		x	x	x	x	x	x	x	x	x	x	x	17	x	x	x	x	x		x	x	x	x	x	17	x	x	x	x	x	x	x	x	x	x	x	46

Zur Verbindung mit großen oder mittelgroßen Blattmustern:

	1	2	3	4	5	6	7	8	9	10	11	12	13	14	15	16	17	18	19	20	21	22	23	24	25	26	27	28	29	30	31	32	33	34	35	36	
48		x	x	x	x	8	x	x	x		x	x	x	x	8	x	x	x		x	x	x	x	8	x	x	x		x	x	x	x	8	x	x	x	48
47		x	x	x	x	8	x	x	x		x	x	x	x	8	x	x	x		x	x	x	x	8	x	x	x		x	x	x	x	8	x	x	x	47
46		x	x	x	x	8	x	x	x		x	x	x	x	8	x	x	x		x	x	x	x	8	x	x	x		x	x	x	x	8	x	x	x	46
45		x	x			x	x	x	x	9	x	x	x	x			x	x		x	x			x	x	x	x	9	x	x	x	x			x	x	45
44		x			5			x	x	5	x	x			5			x		x			5			x	x	5	x	x			5			x	44
43				7				x	x	5	x	x							13							x	x	5	x	x					6		43
42				6			x	x	x	7	x	x	x						11						x	x	x	7	x	x	x				5		42
41				5		x	x	x	x	9	x	x	x	x					9					x	x	x	x	9	x	x	x	x			4		41
40				6			x	x	x	7	x	x	x						11						x	x	x	7	x	x	x				5		40
39				7				x	x	5	x	x							13							x	x	5	x	x					6		39
38				7				x	x	5	x	x							13							x	x	5	x	x					6		38
37				7				x	x	5	x	x							13							x	x	5	x	x					6		37
36				7				x	x	5	x	x							13							x	x	5	x	x					6		36
35				x				x	x	5	x	x				x			5			x				x	x	5	x	x				x			35
34				x	x			x	x		x	x			x	x			5			x	x			x	x		x	x			x	x			34
33				x	x	x		x	x		x	x		x	x	x			5			x	x	x		x	x		x	x		x	x	x			33
32				x	6	x	x	x	x		x	x	x	x	6	x			5			x	6	x	x	x	x		x	x	x	x	6	x			32
31				x	6	x	x	x	x		x	x	x	x	6	x			5			x	6	x	x	x	x		x	x	x	x	6	x			31
30			x	x	5	x	x			5			x	x	5	x	x				x	x	5	x	x			5			x	x	5	x	x		30
29			x	x	5	x	x			5			x	x	5	x	x				x	x	5	x	x			5			x	x	5	x	x		29
28		x	x	x	6	x	x			5			x	x	6	x	x	x		x	x	x	6	x	x			5			x	x	6	x	x	x	28
27	x	6	x	x	x	x		x		x		x		x	x	x	x	x	11	x	x	x	x	x		x		x		x		x	x	5	x	x	27
26	x	5	x	x	x				x	x	x				x	x	x	x	9	x	x	x	x				x	x	x				x	4	x	x	26
25	x	4	x	x		4			x	x	x			4		x	x	x	7	x	x	x		4			x	x	x			4		x	x	x	25
24	x	x	x			5			x	x	x			5			x	x	5	x	x			5			x	x	x			5			x	x	24
23	x	x	x			4		x	x	5	x	x		4			x	x	5	x	x			4		x	x	5	x	x		4			x	x	23
22	x	x	x			4		x	x	5	x	x		4			x	x	5	x	x			4		x	x	5	x	x		4			x	x	22
21	x	4	x	x			x	x	x		x	x	x			x	x	x	7	x	x	x			x	x	x		x	x	x			x	x	x	21
20	x	x	x	x	8	x	x	x				x	x	x	x	x	x	x	15	x	x	x	x	x	x	x				x	x	x	7	x	x	x	20
19	x	x	x	x	8	x	x	x				x	x	x	x	x	x	x	15	x	x	x	x	x	x	x				x	x	x	7	x	x	x	19
18	x	x	x	x	7	x	x			5			x	x	x	x	x	x	13	x	x	x	x	x	x			5			x	x	6	x	x	x	18
17	x	x	x	x	7	x	x			5			x	x	x	x	x	x	13	x	x	x	x	x	x			5			x	x	6	x	x	x	17
16	x	x	x		x	x	x			5			x	x	x		x	x	5	x	x		x	x	x			5			x	x	x		x	x	16
15	x	x	x			x	x			5			x	x			x	x	5	x	x			x	x			5			x	x			x	x	15
14	x	x	x				x			5			x				x	x	5	x	x				x			5			x				x	x	14
13	x	x	x							13							x	x	5	x	x							13							x	x	13
12	x	x	x							13							x	x	5	x	x							13							x	x	12
11	x	x	x							13							x	x	5	x	x							13							x	x	11
10	x	x	x							13							x	x	5	x	x							13							x	x	10
9	x	4	x	x						11						x	x	x	7	x	x	x						11						x	x	x	9
8	x	5	x	x	x					9					x	x	x	x	9	x	x	x	x					9					x	x	4	x	8
7	x	4	x	x						11						x	x	x	7	x	x	x						11						x	x	x	7
6	x	x	x							13							x	x	5	x	x							13							x	x	6
5	x	x	x			5			x		x			5			x	x	5	x	x			5			x		x			5			x	x	5
4	x	x	5	x	x			x	x		x	x			x	x	x	x	9	x	x	x	x			x	x		x	x			x	x	4	x	4
3		x	x	x	8	x	x	x	x		x	x	x	8	x	x	x	x		x	x	x	x	8	x	x	x		x	x	x	x	8	x	x	x	3
2		x	x	x	8	x	x	x	x		x	x	x	8	x	x	x	x		x	x	x	x	8	x	x	x		x	x	x	x	8	x	x	x	2
1		x	x	x	8	x	x	x	x		x	x	x	8	x	x	x	x		x	x	x	x	8	x	x	x		x	x	x	x	8	x	x	x	1
	36	35	34	33	32	31	30	29	28	27	26	25	24	23	22	21	20	19	18	17	16	15	14	13	12	11	10	9	8	7	6	5	4	3	2	1	

Kleine Ahornblätter

Das Muster Kleine Ahornblätter entspricht dem Muster Große Ahornblätter, des Blickes vom Boden in die Krone wegen jedoch in geringerer Größe. Wenn Sie dieses Muster oberhalb der Quadrate Mittelgroße oder Große Ahornblätter anschließen wollen, müssen Sie bei diesem Muster ebenso wie bei den beiden anderen den entsprechenden Anleitungen folgen.

In einem Stück gestrickte Decke

Jede Reihe über die Breite der Decke hinweg so oft wiederholen, wie für die gewünschte Deckengröße erforderlich. Hinweis: Falls Sie nach dem vorhergehenden Muster die Garnfarbe wechseln, stricken Sie in der 1. Reihe alle Maschen rechts, statt die unten angegebene Musterreihe zu arbeiten, damit eine saubere Verbindung entsteht.

Zur Verbindung mit kleinen Blattmustern:

*1. Reihe**: 6 x [5 M li, 1 M re].
2. Reihe: 3 x [1 M li, 2 M re, 2 M li, 1 M re, 1 M li, 1 M re, 2 M li, 2 M re].
3. Reihe: 3 x [1 M li, 9 M re, 1 M li, 1 M re].
4. Reihe: 2 M re, 2 x [9 M li, 3 M re], 9 M li, 1 M re.
5. Reihe: 1 M li, 2 x [9 M re, 3 M li], 9 M re, 2 M li.
6. Reihe: 3 M re, 2 x [7 M li, 5 M re], 7 M li, 2 M re.
7. Reihe: 1 M li, 2 x [9 M re, 3 M li], 9 M re, 2 M li.
8. und 9. Reihe: Die 4. und 5. R wdh.
10. Reihe: 2 M re, 2 x [2 M li, 1 M re, 3 M li, 1 M re, 2 M li, 1 M re, 1 M re, 3 M li, 1 M re, 3 M li, 1 M re], 1 M re.
11. Reihe: 1 M li, 2 x [1 M re, 2 M li, 3 M re, 2 M li, 1 M re, 3 M li], 1 M re, 2 M li, 3 M re, 2 M li, 1 M re, 2 M li.
12. Reihe: 3 x [1 M li, 4 M re, 3 M li, 4 M re].
13. Reihe: 1 M re, 5 x [3 M li, 3 M re], 3 M li, 2 M re.
14. Reihe: 2 M li, 2 x [4 M re, 1 M li, 4 M re, 3 M li], 2 x [4 M re, 1 M li].
15. Reihe: 1 M re, 2 M li, 1 M re, 2 x [3 M li, 1 M re, 2 M li, 3 M re, 2 M li, 1 M re], 3 M li, 1 M re, 2 M li, 2 M re.
16. Reihe: 2 M li, 1 M re, 2 M li, 2 x [3 M re, 2 M li, 1 M re, 3 M li, 1 M re, 2 M li], 3 M re, 2 M li, 1 M re, 1 M li.
17. Reihe: 4 M re, 2 x [3 M li, 9 M re], 3 M li, 5 M re.
18. Reihe: 5 M li, 2 x [3 M re, 9 M li], 3 M re, 4 M li.
19. Reihe: 4 M re, 2 x [3 M li, 9 M re], 3 M li, 5 M re.
20. Reihe: 4 M li, 2 x [5 M re, 7 M li], 5 M re, 3 M li.
21. Reihe: 4 M re, 2 x [3 M li, 9 M re], 3 M li, 5 M re.
22. Reihe: 5 M li, 2 x [3 M re, 9 M li], 3 M re, 4 M li.
23. Reihe: 4 M re, 2 x [1 M li, 1 M re, 1 M li, 9 M re], 1 M li, 1 M re, 1 M li, 5 M re.
24. Reihe: 1 M li, 1 M re, 2 M li, 2 x [2 M re, 1 M li, 2 M re, 2 M li, 1 M re, 1 M li, 1 M re, 2 M li], 2 M re, 1 M li, 2 M re, 2 M li, 1 M re.
25.–48. Reihe: Die 1.–24. R wdh. **

Zur Verbindung oberhalb von großen oder mittelgroßen Blattmustern:

1. Reihe: 5 M li, 2 x [1 M re, 11 M li], 1 M re, 5 M li, 1 M re.
2. Reihe: 1 M li, 2 M re, 2 M li, 1 M re, 1 M li, 1 M re, 2 M li, 2 x [5 M re, 2 M li, 1 M re, 1 M li, 1 M re, 2 M li], 2 M re.
3. Reihe: 1 M li, 2 x [9 M re, 3 M li], 9 M re, 1 M li, 1 M re.
4.–48. Reihe: Die 4.–48. R str, wie oben beschrieben (dabei die 1.–3. R für die 25.–27. R arb).

Einzelne Quadrate

36 M anschl.
Von * bis ** str.
Alle M abk.

Zur Verbindung mit kleinen Blattmustern:

Zum Anschluss oberhalb von großen oder mittelgroßen Blattmustern:

In einem Stück gestrickte Decke

Jede Reihe über die Breite der Decke hinweg so oft wiederholen, wie für die gewünschte Deckengröße erforderlich. Hinweis: Falls Sie nach dem vorhergehenden Muster die Garnfarbe wechseln, stricken Sie in der 1. Reihe alle Maschen rechts, statt die unten angegebene Musterreihe zu arbeiten, damit eine saubere Verbindung entsteht.

*1. Reihe: 3 M li, 2 x [3 M re, 1 M li], 3 M re, 7 M li, 2 x [3 M re, 1 M li], 3 M re, 4 M li.

2. Reihe: 4 M re, 2 x [3 M li, 1 M re], 3 M li, 7 M re, 2 x [3 M li, 1 M re], 3 M li, 3 M re.

3. und 4. Reihe: Die 1. und 2. R wdh.

5. Reihe: 3 M li, 2 x [1 M li, 3 M re], 1 M li, 1 M re, 7 M li, 1 M re, 2 x [1 M li, 3 M re], 1 M li, 1 M re, 4 M li.

6. Reihe: 4 M re, 1 M li, 2 x [1 M re, 3 M li], 1 M re, 1 M li, 7 M re, 1 M li, 2 x [1 M re, 3 M li], 1 M re, 1 M li, 3 M re.

7. und 8. Reihe: Die 5. und 6. R wdh.

9.–48. Reihe: Die 1.–8. R noch 5 x wdh. **

Einzelne Quadrate

36 M anschl.
Von * bis ** str.
Alle M abk.

Mit fortschreitendem Alter des Eichenbaumes bekommt die Borke immer mehr Rillen und Risse, die oft bogenförmig verlaufen und den ganzen Stamm hinauf fortlaufend verfolgt werden können. Bei diesem Muster lassen glatt links gestrickte Maschen in regelmäßigen Abständen die Rippen für die knorrige Rinde plastisch hervortreten.

Knitting chart (Eichenstämme / Wald)

Top column numbers (left to right): 1 2 3 4 5 6 7 8 9 10 11 12 13 14 15 16 17 18 19 20 21 22 23 24 25 26 27 28 29 30 31 32 33 34 35 36

Row numbers run 1–48 on both the left and right sides of the chart.

Bottom column numbers (left to right): 36 35 34 33 32 31 30 29 28 27 26 25 24 23 22 21 20 19 18 17 16 15 14 13 12 11 10 9 8 7 6 5 4 3 2 1

27 / Große Eichenblätter

In einem Stück gestrickte Decke

Jede Reihe über die Breite der Decke hinweg so oft wiederholen, wie für die gewünschte Deckengröße erforderlich. Hinweis: Falls Sie nach dem vorhergehenden Muster die Garnfarbe wechseln, stricken Sie in der 1. Reihe alle Maschen rechts, statt die unten angegebene Musterreihe zu arbeiten, damit eine saubere Verbindung entsteht.

Zur Verbindung mit großen oder mittelgroßen Blattmustern:

* 1. Reihe: 4 x [8 M li, 1 M re].
2. Reihe: 4 x [1 M li, 8 M re].
3. Reihe: 4 x [8 M li, 1 M re].
4. Reihe: 7 M re, 5 M li, 13 M re, 5 M li, 6 M re.
5. Reihe: 4 M li, 9 M re, 9 M li, 9 M re, 5 M li.
6. Reihe: 5 M re, 9 M li, 9 M re, 9 M li, 4 M re.
7. Reihe: 4 M li, 9 M re, 9 M li, 9 M re, 5 M li.
8. Reihe: 6 M re, 7 M li, 11 M re, 7 M li, 5 M re.
9. Reihe: 4 M li, 9 M re, 9 M li, 9 M re, 5 M li.
10. Reihe: 4 M re, 11 M li, 7 M re, 11 M li, 3 M re.
11. Reihe: 3 M li, 11 M re, 7 M li, 11 M re, 4 M li.
12. Reihe: 4 M re, 11 M li, 7 M re, 11 M li, 3 M re.
13. Reihe: 4 M li, 9 M re, 9 M li, 9 M re, 5 M li.
14. Reihe: 4 M re, 11 M li, 7 M re, 11 M li, 3 M re.
15. Reihe: 2 M li, 13 M re, 5 M li, 13 M re, 3 M li.
16. Reihe: 3 M re, 13 M li, 5 M re, 13 M li, 2 M re.
17. und 18. Reihe: Die 15. und 16. R wdh.
19. Reihe: 4 M li, 9 M re, 9 M li, 9 M re, 5 M li.
20. Reihe: 5 M re, 9 M li, 9 M re, 9 M li, 4 M re.
21. Reihe: 4 M li, 9 M re, 9 M li, 9 M re, 5 M li.
22. Reihe: 6 M re, 7 M li, 11 M re, 7 M li, 5 M re.
23. Reihe: 7 M li, 3 M re, 15 M li, 3 M re, 8 M li.
24. Reihe: 2 x [1 M li, 7 M re, 3 M li, 7 M re].
25. Reihe: 2 x [1 M re, 7 M li], 3 M re, 7 M li, 1 M re, 7 M li, 2 M re.
26. Reihe: 2 M li, 15 M re, 3 M li, 15 M re, 1 M li.

27. Reihe: 3 M re, 11 M li, 7 M re, 11 M li, 4 M re.
28. Reihe: 5 M li, 9 M re, 9 M li, 9 M re, 4 M li.
29. Reihe: 4 M re, 9 M li, 9 M re, 9 M li, 5 M re.
30. Reihe: 5 M li, 9 M re, 9 M li, 9 M re, 4 M li.
31. Reihe: 6 M re, 5 M li, 13 M re, 5 M li, 7 M re.
32. Reihe: 7 M li, 5 M re, 13 M li, 5 M re, 6 M li.
33. und 34. Reihe: Die 31. und 32. R wdh.
35. Reihe: 5 M re, 7 M li, 11 M re, 7 M li, 6 M re.
36. Reihe: 5 M li, 9 M re, 9 M li, 9 M re, 4 M li.
37. Reihe: 5 M re, 7 M li, 11 M re, 7 M li, 6 M re.
38. Reihe: 6 M li, 7 M re, 11 M li, 7 M re, 5 M li.
39. Reihe: 5 M re, 7 M li, 11 M re, 7 M li, 6 M re.
40. Reihe: 5 M li, 9 M re, 9 M li, 9 M re, 4 M li.
41. Reihe: 3 M re, 11 M li, 7 M re, 11 M li, 4 M re.
42. Reihe: 5 M li, 9 M re, 9 M li, 9 M re, 4 M li.
43. Reihe: 4 M re, 9 M li, 9 M re, 9 M li, 5 M re.
44. Reihe: 5 M li, 9 M re, 9 M li, 9 M re, 4 M li.
45. Reihe: 2 M re, 13 M li, 5 M re, 13 M li, 3 M re.
46. Reihe: 4 x [1 M li, 8 M re].
47. Reihe: 4 x [8 M li, 1 M re].
48. Reihe: 4 x [1 M li, 8 M re]. **

Zum Anschluss unterhalb kleiner Blattmuster:

1.–45. Reihe: Die 1.–45. R str, wie oben beschrieben.
46. Reihe: 2 x [1 M li, 17 M re].
47. Reihe: 5 M li, 1 M re, 23 M li, 1 M re, 5 M li, 1 M re.
48. Reihe: 1 M li, 5 M re, 2 x [1 M li, 11 M re], 1 M li, 5 M re.

Einzelne Quadrate

36 M anschl.
Von * bis ** str.
Alle M abk.

Zum Anschluss unterhalb kleiner Blattmuster:

	1	2	3	4	5	6	7	8	9	10	11	12	13	14	15	16	17	18	19	20	21	22	23	24	25	26	27	28	29	30	31	32	33	34	35	36	
48		x	x	5	x	x	x			x	x	x	x	x	11	x	x	x	x	x	x			x	x	x	x	x	x	11	x	x	x	x	x		x	x	5	x	x		48
47		x	x	5	x	x	x			x	x	x	x	23	x	x	x	x	x				x	x	x	x	x	x				x	x	5	x	x	x	47
46		x	x	5	x	x	x			x	x	x	17	x	x	x	x	x				x	x	x	x	x	x					x	x	5	x	x		46

Zur Verbindung mit großen oder mittelgroßen Blattmustern:

(große Zählmuster-Tabelle, Zeilen 1–48, Spalten 1–36)

Die gelappten Eichenblätter kommen in vielen verschiedenen Formen und Größen vor. Die hier dargestellten Blätter der Stieleiche oder Deutschen Eiche (Quercus robur) sind in fünf bis sechs Buchten gelappt. Die Kombination aus horizontalen und vertikalen Elementen in den gelappten Blättern erschwert es, die Struktur im Muster zu erhalten, deshalb habe ich mich bei den Details auf ein Minimum beschränkt.

28 / Mittelgroße Eichenblätter

Die in dieses Quadrat integrierte Eichel steht für zukünftiges Potenzial, dafür, nicht aufzugeben, weil etwas am Anfang so klein erscheint: „Aus kleinen Eicheln wachsen mächtige Eichen." Stellen Sie sich Ihr Strickprojekt wie eine Eichel vor, die als kleines Quadrat beginnt und zu einer großen Decke heranwächst.

In einem Stück gestrickte Decke

Jede Reihe über die Breite der Decke hinweg so oft wiederholen, wie für die gewünschte Deckengröße erforderlich. Hinweis: Falls Sie nach dem vorhergehenden Muster die Garnfarbe wechseln, stricken Sie in der 1. Reihe alle Maschen rechts, statt die unten angegebene Musterreihe zu arbeiten, damit eine saubere Verbindung entsteht.

Zur Verbindung mit großen oder mittelgroßen Blattmustern:
* **1. Reihe:** 4 x [8 M li, 1 M re].
2. Reihe: 4 x [1 M li, 8 M re].
3. Reihe: 4 x [8 M li, 1 M re].
4. Reihe: 6 M re, 7 M li, 11 M re, 7 M li, 5 M re.
5. Reihe: 5 M li, 7 M re, 11 M li, 7 M re, 6 M li.
6. Reihe: 6 M re, 7 M li, 11 M re, 7 M li, 5 M re.
7. Reihe: 6 M li, 5 M re, 13 M li, 5 M re, 7 M li.
8. Reihe: 5 M re, 9 M li, 9 M re, 9 M li, 4 M re.
9. Reihe: 4 M li, 9 M re, 9 M li, 9 M re, 5 M li.
10. Reihe: 5 M re, 9 M li, 9 M re, 9 M li, 4 M re.
11. Reihe: 5 M li, 7 M re, 11 M li, 7 M re, 6 M li.
12. Reihe: 6 M re, 9 M li, 9 M re, 9 M li, 4 M re.
13. Reihe: 3 M li, 11 M re, 7 M li, 11 M re, 4 M li.
14. Reihe: 4 M re, 11 M li, 7 M re, 11 M li, 3 M re.
15. Reihe: 3 M li, 11 M re, 7 M li, 11 M re, 4 M li.
16. Reihe: 6 M re, 7 M li, 11 M re, 7 M li, 5 M re.
17. Reihe: 5 M li, 7 M re, 11 M li, 7 M re, 6 M li.
18. Reihe: 6 M re, 7 M li, 11 M re, 7 M li, 5 M re.

19. Reihe: 3 M li, 1 M re, 3 M li, 3 M re, 3 M li, 1 M re, 7 M li, 1 M re, 3 M li, 3 M re, 3 M li, 1 M re, 4 M li.
20. Reihe: 3 M re, 2 x [3 M li, 2 M re], 3 M li, 5 M re, 3 x [3 M li, 2 M re].
21. Reihe: 1 M li, 5 M re, 2 M li, 1 M re, 2 M li, 5 M re, 3 M li, 5 M re, 2 M li, 1 M re, 2 M li, 5 M re, 2 M li.
22. Reihe: 2 M re, 5 M li, 5 M re, 5 M li, 3 M re, 5 M li, 5 M re, 5 M li, 1 M re.
23. Reihe: 1 M li, 5 M re, 5 M li, 5 M re, 3 M li, 5 M re, 5 M li, 5 M re, 2 M li.
24. Reihe: 3 M re, 1 M li, 1 M re, 1 M li, 7 M re, 1 M li, 1 M re, 1 M li, 5 M re, 1 M li, 1 M re, 1 M li, 7 M re, 1 M li, 1 M re, 1 M li, 2 M re.
25. Reihe: 3 x [1 M li, 1 M re], 5 M li, 2 x [1 M re, 1 M li], 1 M re, 3 M li, 2 x [1 M re, 1 M li], 1 M re, 5 M li, 2 x [1 M re, 1 M li], 1 M re, 2 M li.
26. Reihe: 3 M re, 1 M li, 1 M re, 1 M li, 7 M re, 1 M li, 1 M re, 1 M li, 5 M re, 1 M li, 1 M re, 1 M li, 7 M re, 1 M li, 1 M re, 1 M li, 2 M re.
27. Reihe: 3 M li, 2 x [1 M re, 4 M li], 1 M re, 7 M li, 3 x [1 M re, 4 M li].
28. Reihe: 2 x [1 M li, 3 M re], 3 M li, 3 M re, 3 x [1 M li, 3 M re], 3 M li, 3 M re, 1 M li, 3 M re.
29. Reihe: 2 x [1 M re, 2 M li], 5 M re, 2 M li, 1 M re, 2 M li, 3 M re, 2 M li, 1 M re, 2 M li, 5 M re, 2 M li, 1 M re, 2 M li, 2 M re.
30. Reihe: 2 M li, 5 M re, 5 M li, 5 M re, 3 M li, 5 M re, 5 M li, 5 M re, 1 M li.
31. Reihe: 3 M re, 3 M li, 5 M re, 3 M li, 7 M re, 3 M li, 5 M re, 3 M li, 4 M re.
32. Reihe: 4 M li, 4 M re, 1 M li, 1 M re, 1 M li, 4 M re, 7 M li, 4 M re, 1 M li, 1 M re, 1 M li, 4 M re, 3 M li.
33. Reihe: 3 M re, 3 M li, 2 x [1 M re, 1 M li], 1 M re, 3 M li, 7 M re, 3 M li, 2 x [1 M re, 1 M li], 1 M re, 3 M li, 4 M re.
34. Reihe: 6 M li, 2 M re, 1 M li, 1 M re, 1 M li, 2 M re, 11 M li, 2 M re, 1 M li, 1 M re, 1 M li, 2 M re, 5 M li.
35. Reihe: 5 M re, 3 M li, 1 M re, 3 M li, 11 M re, 3 M li, 1 M re, 3 M li, 6 M re.

36. Reihe: 6 M li, 3 M re, 1 M li, 3 M re, 11 M li, 3 M re, 1 M li, 3 M re, 5 M li.
37. Reihe: 4 M re, 4 M li, 1 M re, 4 M li, 9 M re, 4 M li, 1 M re, 4 M li, 5 M re.
38. Reihe: 4 M li, 11 M re, 7 M li, 11 M re, 3 M li.
39. Reihe: 4 M re, 9 M li, 9 M re, 9 M li, 5 M re.
40. Reihe: 5 M li, 9 M re, 9 M li, 9 M re, 4 M li.
41. Reihe: 4 M re, 9 M li, 9 M re, 9 M li, 5 M re.
42. Reihe: 3 M li, 13 M re, 5 M li, 13 M re, 2 M li.
43. Reihe: 3 M re, 11 M li, 7 M re, 11 M li, 4 M re.
44. Reihe: 4 M li, 11 M re, 7 M li, 11 M re, 3 M li.
45. Reihe: 3 M re, 11 M li, 7 M re, 11 M li, 4 M re.
46. Reihe: 4 x [1 M li, 8 M re].
47. Reihe: 4 x [8 M li, 1 M re].
48. Reihe: 4 x [1 M li, 8 M re]. **

Zum Anschluss unterhalb kleiner Blattmuster:
1.–45. Reihe: Die 1.–45. R str, wie oben beschrieben.
46. Reihe: 2 x [1 M li, 17 M re].

47. Reihe: 5 M li, 1 M re, 23 M li, 1 M re, 5 M li, 1 M re.
48. Reihe: 1 M li, 5 M re, 2 x [1 M li, 11 M re], 1 M li, 5 M re.

Einzelne Quadrate

36 M anschl.
Von * bis ** str.
Alle M abk.

Zum Anschluss unterhalb kleiner Blattmuster:

	1	2	3	4	5	6	7	8	9	10	11	12	13	14	15	16	17	18	19	20	21	22	23	24	25	26	27	28	29	30	31	32	33	34	35	36	
48		x	x	5	x	x			x	x	x	x	x	x	11	x	x	x	x	x	x			x	x	x	x	x	11	x	x	x	x	x	x			x	x	5	x	x		48
47		x	x	5	x	x			x	x	x	x	x	x	23	x	x	x	x	x			x	x	5	x	x		47
46		x	x	x	x	x	x		x	x	17	x	x	x	x	x			x	x	17	x	x	x	x	x	x	x	x		46

Zur Verbindung mit großen oder mittelgroßen Blattmustern:

	1	2	3	4	5	6	7	8	9	10	11	12	13	14	15	16	17	18	19	20	21	22	23	24	25	26	27	28	29	30	31	32	33	34	35	36	
48		x	x	x	x	x	x	x	8	x		x	8	x	x	x	x	x	x		x	8	x	x	x	x	x	x		x	x	x	x	x	8	x		48
47		x	x	x	x	x	x	8	x		x	8	x	x	x	x	x		x	8	x	x	x	x	x		x	x	x	x	x	8	x		47
46		x	x	x	x	x	x	8	x		x	8	x	x	x	x	x		x	8	x	x	x	x	x		x	x	x	x	x	8	x		46
45		4			x	x	x	x	x	11	x	x	x	x	x			7			x	x	x	x	x	11	x	x	x	x	x		45
44		4			x	x	x	x	x	11	x	x	x	x	x			7			x	x	x	x	x	11	x	x	x	x	x		44
43		4			x	x	x	x	x	11	x	x	x	x	x			7			x	x	x	x	x	11	x	x	x	x	x		43
42			x	x	x	x	x	x	13	x	x	x	x	x	x			5			x	x	x	x	x	13	x	x	x	x	x	x		42
41		5			x	x	x	x	9	x	x	x	x			9			x	x	x	x	9	x	x	x	x			4		41
40		5			x	x	x	x	9	x	x	x	x			9			x	x	x	x	9	x	x	x	x			4		40
39		5			x	x	x	x	9	x	x	x			9			x	x	x	x	9	x	x	x	x			4		39
38		4			x	x	x	x	11	x	x	x	x	x			7			x	x	x	x	x	11	x	x	x	x	x		38
37		5			x	x	4	x		x	4	x	x			9			x	x	4	x		x	4	x	x			4		37
36		6			x	x	x			x	x	x			11			x	x	x		x	x	x	x			5		36
35		6			x	x	x			x	x	x			11			x	x	x			x	x			5		35
34		6			x	x			x	x			11			x	x	x		x			x	x			5		34
33		4			x	x	x		x			x			x	x	x			7			x	x	x		x			x	x	x		33
32		4			x	x	4	x		x			x	4	x	x			7			x	x	4	x		x			x	4	x	x		32
31		4			x	x	x		5			x	x	x			7			x	x	x		5			x	x	x		31
30			x	x	5	x	x		5			x	x	5	x	x			x	x	5	x	x		5			x	x	5	x	x		30
29			x	x		x	x		5			x	x		x	x			x	x		x	x		5			x	x		x	x		29
28		x	x	x					x	x	x			x	x	x		x	x	x			x	x	x			x	x	x		28
27	x	x	4	x		x	4	x		x	x	4	x		x	x	7	x	x	x		x	4	x	x		x	x	4	x		x	x	x		27
26	x	x	x		x		x	x	7	x	x		x		x	x	5	x	x		x		x	x	7	x	x		x		x		26
25	x	x		x		x		x	x	5	x	x		x		x		x	x	x		x		x	x	5	x	x		x		x		25
24	x	x	x		x		x	x	7	x	x		x		x	x	5	x	x		x		x	x	x	7	x	x		x		x		24
23	x	x			5			x	x	5	x	x			5			x	x	x		5			x	x	5	x	x		5			x		23
22	x	x			5			x	x	5	x	x			5			x	x	x		5			x	x	5	x	x		5				22
21	x	x			5			x	x			5			x	x	x		5			x	x		5			21
20	x	x	x			x	x			x	x			x	x	5	x	x			x	x			x	x			x	x		20
19	x	x	4	x		x	x	x			x	x	x		x	x	7	x	x	x		x	x	x			x	x	x		x	x		19
18	x	x	6	x	x	x			7			x	x	x	x	x	11	x	x	x	x	x		7			x	x	x	5	x		18
17	x	x	6	x	x	x			7			x	x	x	x	x	11	x	x	x	x	x		7			x	x	x	5	x		17
16	x	x	6	x	x	x			7			x	x	x	x	x	11	x	x	x	x	x		7			x	x	x	5	x		16
15	x	x	4	x			11			x	x	x	7	x	x	x			11			x	x	x		15
14	x	x	4	x			11			x	x	x	7	x	x	x			11			x	x	x		14
13	x	x	4	x			11			x	x	x	7	x	x	x			11			x	x	x		13
12	x	x	5	x	x			9			x	x	x	9	x	x	x	x			9			x	x	4	x		12
11	x	x	6	x	x	x		7			x	x	x	x	11	x	x	x	x	x		7			x	x	x	5	x		11
10	x	x	5	x	x			9			x	x	x	9	x	x	x	x			9			x	x	4	x		10
9	x	x	5	x	x			9			x	x	x	9	x	x	x	x			9			x	x	4	x	x		9
8	x	x	5	x	x			9			x	x	x	9	x	x	x	x			9			x	x	4	x	x		8
7	x	x	7	x	x	x	x		5			x	x	x	x	x	13	x	x	x	x	x	x		5			x	x	x	x	6	x		7
6	x	x	6	x	x	x			7			x	x	x	x	x	11	x	x	x	x	x		7			x	x	x	5	x		6
5	x	x	6	x	x	x			7			x	x	x	x	x	11	x	x	x	x	x		7			x	x	x	5	x		5
4	x	x	6	x	x	x			7			x	x	x	x	x	11	x	x	x	x	x		7			x	x	x	5	x		4
3		x	8	x	x	x	x	x	x		x	x	x	x	x	x	8	x		x	8	x	x	x	x	x	x		x	x	x	x	8	x		3
2		x	8	x	x	x	x	x	x		x	x	x	x	x	x	8	x		x	8	x	x	x	x	x	x		x	x	x	x	8	x		2
1		x	8	x	x	x	x	x	x		x	x	x	x	x	x	8	x		x	8	x	x	x	x	x	x		x	x	x	x	8	x		1

| 36 | 35 | 34 | 33 | 32 | 31 | 30 | 29 | 28 | 27 | 26 | 25 | 24 | 23 | 22 | 21 | 20 | 19 | 18 | 17 | 16 | 15 | 14 | 13 | 12 | 11 | 10 | 9 | 8 | 7 | 6 | 5 | 4 | 3 | 2 | 1 |

Kleine Eichenblätter

Das Muster Kleine Eichenblätter entspricht dem Muster Große Eichenblätter, des Blickes vom Boden in die Krone wegen jedoch in geringerer Größe. Wenn Sie dieses Muster oberhalb der Quadrate Mittelgroße oder Große Eichenblätter anschließen wollen, müssen Sie bei diesem Muster ebenso wie bei den beiden anderen den entsprechenden Anleitungen folgen.

In einem Stück gestrickte Decke

Jede Reihe über die Breite der Decke hinweg so oft wiederholen, wie für die gewünschte Deckengröße erforderlich. Hinweis: Falls Sie nach dem vorhergehenden Muster die Garnfarbe wechseln, stricken Sie in der 1. Reihe alle Maschen rechts, statt die unten angegebene Musterreihe zu arbeiten, damit eine saubere Verbindung entsteht.

Zur Verbindung mit kleinen Blattmustern:

* **1. Reihe**: 6 x [5 M li, 1 M re].
2. Reihe: 3 x [1 M li, 3 M re, 5 M li, 3 M re].
3. Reihe: 3 x [2 M li, 7 M re, 2 M li, 1 M re].
4. Reihe: 3 M re, 2 x [7 M li, 5 M re], 7 M li, 2 M re.
5. Reihe: 3 M li, 2 x [5 M re, 7 M li], 5 M re, 4 M li.
6. Reihe: 3 M re, 2 x [7 M li, 5 M re], 7 M li, 2 M re.
7. Reihe: 1 M li, 2 x [9 M re, 3 M li], 9 M re, 2 M li.
8. Reihe: 2 M re, 2 x [9 M li, 3 M re], 9 M li, 1 M re.
9. Reihe: 1 M li, 2 x [1 M re, 1 M li, 5 M re, 1 M li, 1 M re, 3 M li], 1 M re, 1 M li, 5 M re, 1 M li, 1 M re, 2 M li.
10. Reihe: 3 M re, 2 x [7 M li, 5 M re], 7 M li, 2 M re.
11. Reihe: 2 M li, 2 x [7 M re, 5 M li], 7 M re, 3 M li.
12. Reihe: 3 x [1 M li, 4 M re, 3 M li, 4 M re].
13. Reihe: 1 M re, 5 x [3 M li, 3 M re], 3 M li, 2 M re.
14. Reihe: 2 M li, 2 x [4 M re, 1 M li, 4 M re, 3 M li], 4 M re, 1 M li, 4 M re, 1 M li.
15. Reihe: 3 M re, 2 x [5 M li, 7 M re], 5 M li, 4 M re.
16. Reihe: 4 M li, 2 x [5 M re, 7 M li], 5 M re, 3 M li.
17. Reihe: 2 M re, 2 x [1 M li, 1 M re, 3 M li, 1 M re, 1 M li, 5 M re], 1 M li, 1 M re, 3 M li, 1 M re, 1 M li, 3 M re.
18. Reihe: 5 M li, 2 x [3 M re, 9 M li], 3 M re, 4 M li.
19. Reihe: 4 M re, 2 x [3 M li, 9 M re], 3 M li, 5 M re.
20. Reihe: 4 M li, 2 x [5 M re, 7 M li], 5 M re, 3 M li.
21. Reihe: 2 M re, 2 x [7 M li, 5 M re], 7 M li, 3 M re.
22. Reihe: 4 M li, 2 x [5 M re, 7 M li], 5 M re, 3 M li.
23. Reihe: 3 M re, 2 x [2 M li, 1 M re, 2 M li, 7 M re], 2 M li, 1 M re, 2 M li, 4 M re.
24. Reihe: 3 M li, 2 x [3 M re, 1 M li, 3 M re, 5 M li], 3 M re, 1 M li, 3 M re, 2 M li.
25.–48. Reihe: Die 1.–24. R wdh. **

Zur Verbindung oberhalb von großen oder mittelgroßen Blattmustern:

1. Reihe: 5 M li, 2 x [1 M re, 11 M li], 1 M re, 5 M li, 1 M re.
2. Reihe: 1 M li, 3 M re, 2 x [5 M li, 7 M re], 5 M li, 3 M re.
3. Reihe: 2 M li, 2 x [7 M re, 5 M li], 7 M re, 2 M li, 1 M re.
4.–48. Reihe: Die 4.–48. R str, wie oben beschrieben (dabei die 1.–3. R für die 25.–27. R arb).

Einzelne Quadrate

36 M anschl.
Von * bis ** str.
Alle M abk.

Zur Verbindung mit kleinen Blattmustern:

	1	2	3	4	5	6	7	8	9	10	11	12	13	14	15	16	17	18	19	20	21	22	23	24	25	26	27	28	29	30	31	32	33	34	35	36	
48					x	x	x		x	x	x						x	x	x		x	x	x					x	x	x		x	x	x			48
47						x	x		x	x							x	x		x	x							x	x		x	x				47
46					x	x	x	x									x	x	x	x								x	x	x	x				46
45				x	x	x	x	x	x							x	x	x	x	x						x		x	x	x	x	x			45
44					x	x	x	x									x	x	x	x								x	x	x	x				44
43						x	x	x										x	x	x								x	x	x					43
42					x	x	x											x	x	x								x	x	x					42
41				x		x	x	x			x					x		x	x	x			x				x		x	x	x			x		41
40					x	x	x	x									x	x	x	x								x	x	x	x				40
39						x	x	x	x									x	x	x								x	x	x	x				39
38			x	x	x			x	x	x	x			x	x	x		x	x	x	x			x	x	x			x	x	x	x			38
37			x	x	x			x	x	x				x	x	x			x	x	x			x	x	x			x	x	x				37
36		x	x	x	x			x	x	x	x		x	x	x		x	x	x	x		x	x	x	x		x	x	x	x			x	x	x	36
35	x	x	x					x	x	x	x	x							x	x	x	x	x										x	x	35
34	x	x	x					x	x	x	x	x							x	x	x	x	x										x	x	34
33	x	x		x					x			x	x	x			x			x	x	x			x						x			x	33
32	x	x										x	x	x						x	x	x											x	x	32
31	x	x										x	x	x						x	x	x												x	31
30	x	x	x							x		x	x	x	x				x	x	x	x									x	x	x		30
29	x	x	x	x					x	x	x	x	x	x				x	x	x	x	x								x	x	x			29
28	x	x	x						x	x	x	x	x					x	x	x	x											x	x	28
27		x	x						x	x		x		x				x	x		x	x											27
26	x	x	x					x	x	x		x	x	x		x	x	x		x	x	x		x	x	x					x	x	x	26
25		x	x	x	x	x		x	x	x	x		x	x	x	x		x	x	x		x	x	x		x	x	x	x		x	x	x	x	25
24			x	x	x			x	x	x			5			x	x	x		x	x	x	x		5			x	x	x		x	x	x	x	24
23		4			x	x		x	x				7			x	x			x	x				7				x	x		x	x		23
22		4			x	x	5	x	x				7			x	x	5	x	x				7			x	x	5	x	x		22
21			x	x	x	7	x	x				5			x	x	x	7	x	x	x			5		x	x	x	7	x	x	x		21
20		4			x	x	5	x	x				7			x	x	5	x	x				7			x	x	5	x	x		20
19		5				x	x	x				9			x	x	x			9			x	x	x			4		19
18		5				x	x	x				9			x	x	x			9			x	x	x			4		18
17			x			x	x	x		x		5			x	x	x		x		5		x	x	x		x		17
16		4			x	x	5	x	x				7			x	x	5	x	x				7			x	x	5	x	x		16
15		4			x	x	5	x	x				7			x	x	5	x	x				7			x	x	5	x	x		15
14			x	x	4	x		x	4	x	x			x	x	4	x		x	4	x	x			x	x	4	x		x	4	x	x	14
13			x	x	x			x	x	x			x	x	x			x	x	x			x	x	x			x	x	x		13
12		x	x	4	x			x	4	x	x		x	x	4	x		x	4	x	x		x	x	4	x		x	4	x	x	12
11	x	x	x				7			x	x	5	x	x			7		x	x	5	x	x			7			x	x	11
10	x	x	x				7			x	x	5	x	x			7		x	x	5	x	x			7			x	x	10
9	x	x		x			5			x		x	x	x		x		5		x		x	x	x		x		5			x	9
8	x	x					9				x	x	x			9		x	x	x			9				x	8
7	x	x					9				x	x	x			9		x	x	x			9				x	7
6	x	x	x				7			x	x	5	x	x			7		x	x	5	x	x			7			x	x	6
5	x	4	x	x			5			x	x	x	7	x	x	x		5		x	x	x	7	x	x	x		5			x	x	x	5
4	x	x	x				7			x	x	5	x	x			7		x	x	5	x	x			7			x	x	4
3		x	x				7			x	x	x			7		x	x	x			7			x	x	3
2		x	x	x			5			x	x	x		x	x	x		5		x	x	x		x	x	x		5			x	x	2
1		x	x	5	x	x		x	x	5	x	x		x	x	5	x	x		x	x	5	x	x		x	x	5	x	x		x	x	5	x	x	1
	36	35	34	33	32	31	30	29	28	27	26	25	24	23	22	21	20	19	18	17	16	15	14	13	12	11	10	9	8	7	6	5	4	3	2	1	

Zur Verbindung oberhalb von großen oder mittelgroßen Blattmustern:

3		x	x				7						x	x	5	x	x			7				x	x	3
2		x	x	x			5			x	x	x	x	7	x	x	x		5		x	x	x	7	x	x	x		5			x	x	x	2
1		x	x	5	x	x		x	x	x	x	x	x	11	x	x	x	x	x		x	x	x	x	x	11	x	x	x	x	x		x	x	5	x	x	1
	36	35	34	33	32	31	30	29	28	27	26	25	24	23	22	21	20	19	18	17	16	15	14	13	12	11	10	9	8	7	6	5	4	3	2	1	

In einem Laubwald wachsen normalerweise verschiedene Baumarten. Vielleicht wollen Sie deshalb auch ein wenig mehr Vielfalt in Ihre Landschaftsdecke bringen. Dieses Quadrat kombiniert die drei Blattmotive, sodass Sie nicht die Anleitungen für mehrere Quadrate lesen müssen. Das Buchenblatt kommt zweimal vor, weil es das einfachste Motiv ist.

In einem Stück gestrickte Decke

Jede Reihe über die Breite der Decke hinweg so oft wiederholen, wie für die gewünschte Deckengröße erforderlich. Hinweis: Falls Sie nach dem vorhergehenden Muster die Garnfarbe wechseln, stricken Sie in der 1. Reihe alle Maschen rechts, statt die unten angegebene Musterreihe zu arbeiten, damit eine saubere Verbindung entsteht.

Zur Verbindung mit großen oder mittelgroßen Blattmustern:
* **1. Reihe**: 4 x [8 M li, 1 M re].
2. Reihe: 4 x [1 M li, 8 M re].
3. Reihe: 4 x [8 M li, 1 M re].
4. Reihe: 5 M re, 2 M li, 2 M re, 1 M li, 2 M re, 2 M li, 11 M re, 5 M li, 6 M re.
5. Reihe: 5 M li, 7 M re, 8 M li, 5 M re, 1 M li, 1 M re, 1 M li, 5 M re, 3 M li.
6. Reihe: 2 M re, 15 M li, 6 M re, 9 M li, 4 M re.
7. Reihe: 3 M li, 11 M re, 5 M li, 15 M re, 2 M li.
8. Reihe: 3 M re, 13 M li, 6 M re, 11 M li, 3 M re.
9. Reihe: 2 M li, 13 M re, 6 M li, 11 M re, 4 M li.
10. Reihe: 3 M re, 13 M li, 5 M re, 13 M li, 2 M re.
11. Reihe: 2 M li, 13 M re, 4 M li, 15 M re, 2 M li.
12. Reihe: 2 M re, 15 M li, 4 M re, 13 M li, 2 M re.
13. und 14. Reihe: Die 11. und 12 R wdh.
15. Reihe: 2 M li, 13 M re, 4 M li, 15 M re, 2 M li.
16. Reihe: 2 M re, 3 M li, 1 M re, 7 M li, 1 M re, 3 M li, 4 M re, 13 M li, 2 M re.
17. Reihe: 2 M li, 13 M re, 4 M li, 2 M re, 2 M li, 7 M re, 2 M li, 2 M re, 2 M li.
18. Reihe: 2 M re, 1 M li, 3 M re, 7 M li, 3 M re, 1 M li, 5 M re, 11 M li, 3 M re.
19. Reihe: 3 M li, 11 M re, 9 M li, 7 M re, 6 M li.
20. Reihe: 7 M re, 5 M li, 11 M re, 9 M li, 4 M re.
21. Reihe: 4 M li, 9 M re, 11 M li, 5 M re, 7 M li.
22. Reihe: 7 M re, 5 M li, 12 M re, 7 M li, 5 M re.
23. Reihe: 6 M li, 5 M re, 14 M li, 3 M re, 8 M li.
24. Reihe: 2 x [1 M li, 7 M re, 3 M li, 7 M re].
25. Reihe: 2 x [1 M re, 7 M li], 3 M re, 7 M li, 1 M re, 7 M li, 2 M re.
26. Reihe: 3 M li, 14 M re, 3 M li, 14 M re, 2 M li.
27. Reihe: 3 M re, 11 M li, 7 M re, 11 M li, 4 M re.
28. Reihe: 5 M li, 9 M re, 9 M li, 9 M re, 4 M li.
29. Reihe: 4 M re, 9 M li, 9 M re, 9 M li, 5 M re.
30. Reihe: 6 M li, 8 M re, 9 M li, 8 M re, 5 M li.
31. Reihe: 5 M re, 6 M li, 13 M re, 6 M li, 6 M re.
32. Reihe: 7 M li, 5 M re, 13 M li, 5 M re, 6 M li.
33. Reihe: 6 M re, 5 M li, 13 M re, 5 M li, 7 M re.
34. Reihe: 7 M li, 5 M re, 13 M li, 5 M re, 6 M li.
35. Reihe: 6 M re, 6 M li, 11 M re, 6 M li, 7 M re.
36. Reihe: 7 M li, 7 M re, 9 M li, 7 M re, 6 M li.
37. Reihe: 6 M re, 6 M li, 11 M re, 6 M li, 7 M re.
38. Reihe: 7 M li, 6 M re, 11 M li, 6 M re, 6 M li.
39. und 40. Reihe: Die 35. und 36. R wdh.
41. Reihe: 5 M re, 9 M li, 7 M re, 9 M li, 6 M re.
42. Reihe: 6 M li, 8 M re, 9 M li, 8 M re, 5 M li.
43. Reihe: 4 M re, 9 M li, 9 M re, 9 M li, 5 M re.
44. Reihe: 4 M li, 10 M re, 9 M li, 10 M re, 3 M li.
45. Reihe: 2 M re, 13 M li, 5 M re, 13 M li, 3 M re.
46. Reihe: 4 x [1 M li, 8 M re].
47. Reihe: 4 x [8 M li, 1 M re].
48. Reihe: 4 x [1 M li, 8 M re]. **

Zum Anschluss unterhalb kleiner Blattmuster:
1.–45. Reihe: Die 1.–45. R str, wie oben beschrieben.
46. Reihe: 2 x [1 M li, 17 M re].
47. Reihe: 5 M li, 1 M re, 23 M li, 1 M re, 5 M li, 1 M re.
48. Reihe: 1 M li, 5 M re, 2 x [1 M li, 11 M re], 1 M li, 5 M re.

Einzelne Quadrate

36 M anschl.
Von * bis ** str.
Alle M abk.

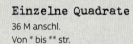

Zum Anschluss unterhalb kleiner Blattmuster:

	1	2	3	4	5	6	7	8	9	10	11	12	13	14	15	16	17	18	19	20	21	22	23	24	25	26	27	28	29	30	31	32	33	34	35	36	
48		x	x	5	x	x	x		x	x	x	x	x	x	11	x	x	x	x	x	x		x	x	x	x	11	x	x	x	x	x		x	x	5	x	x	48
47		x	x	5	x	x	x		x	x	x	x	x	x	x	x	x	x	x	23	x	x	x	x	x	x		x	x	5	x	x	47
46									x	x	x	x	17	x	x	x	x	x	x	x	x	x	x	17	x	x	x	x	x	x	x						46

Zur Verbindung mit großen oder mittelgroßen Blattmustern:

	1	2	3	4	5	6	7	8	9	10	11	12	13	14	15	16	17	18	19	20	21	22	23	24	25	26	27	28	29	30	31	32	33	34	35	36	
48		x	x	x	8	x	x	x	x			x	x	x	8	x	x	x	x		x	x	x	8	x	x	x	x		x	x	x	8	x	x	x	48
47		x	x	x	8	x	x	x	x			x	x	x	8	x	x	x	x		x	x	x	8	x	x	x	x		x	x	x	8	x	x	x	47
46		x	x	x	8	x	x	x	x			x	x	x	8	x	x	x	x		x	x	x	8	x	x	x	x		x	x	x	8	x	x	x	46
45				x	x	x	x	x	x	13	x	x	x	x	x	x		5			x	x	x	x	x	x	13	x	x	x	x	x	x				45
44		4			x	x	x	x	x	10	x	x	x	x				9				x	x	x	x	x	10	x	x	x	x	x			4		44
43		5				x	x	x	x	9	x	x	x	x				9					x	x	x	x	9	x	x	x	x					4	43
42		6				x	x	x	x	8	x	x	x	x				9					x	x	x	x	8	x	x	x					5		42
41		6					x	x	x	9	x	x	x	x	x			7				x	x	x	x	x	9	x	x	x					5		41
40		7					x	x	x	7	x	x	x	x	x			9				x	x	x	x	x	7	x	x						6		40
39		7					x	x	6	x	x	x	x				11				x	x	x	6	x	x						6		39
38		7					x	x	6	x	x	x					11				x	x	x	6	x	x						6		38
37		7					x	x	6	x	x	x					11				x	x	x	6	x	x						6		37
36		7					x	x	7	x	x	x	x				9			x	x	x	x	x	7	x	x					6		36
35		7					x	x	6	x	x	x					11				x	x	x	6	x						6		35
34		7					x	x	5	x	x						13					x	x	x	5	x	x					6		34
33		7					x	x	5	x	x						13					x	x	x	5	x	x					6		33
32		7					x	x	5	x	x						13					x	x	x	5	x	x					6		32
31		6				x	x	x	6	x	x						13					x	x	x	6	x	x	x				5		31
30		6				x	x	x	8	x	x	x	x				9				x	x	x	x	x	8	x	x				5		30
29		5			x	x	x	x	9	x	x	x	x				9				x	x	x	x	x	9	x	x	x			4		29
28		5			x	x	x	x	9	x	x	x	x				9				x	x	x	x	x	9	x	x	x			4		28
27		4			x	x	x	x	x	11	x	x	x	x	x			7			x	x	x	x	x	x	11	x	x	x	x	x				27
26			x	x	x	x	x	x	x	14	x	x	x	x	x	x	x			x	x	x	x	x	x	x	14	x	x	x	x	x	x			26
25		x	x	7	x	x	x	x			x	x	x	x	7	x	x			x	x	7	x	x	x	x		x	x	x	7	x	x		25
24		x	x	x	7	x	x	x			x	x	x	x	7	x	x	x		x	x	x	7	x	x	x		x	x	x	7	x	x	x	24
23	x	8	x	x	x	x	x	x				x	x	x	x	x	x	14	x	x	x	x	x	x		5			x	x	6	x	x	x	23
22	x	7	x	x	x	x	x	x		5			x	x	x	x	x	x	12	x	x	x	x	x		7			x	x	5	x	22
21	x	7	x	x	x	x	x			5				x	x	x	x	x	11	x	x	x			9				x	x	4	x	21
20	x	7	x	x	x	x	x			5				x	x	x	x	x	11	x	x	x			9				x	x	4	x	20
19	x	6	x	x	x	x				7					x	x	x	x	9	x	x	x			11					x	x	x	19
18	x	x			x	x	x			7				x	x	x		x	5	x	x	x			11					x	x	x	18
17	x	x			x	x				7					x	x		x	4	x	x				13					x	x	x	17
16	x	x				x				7					x			x	4	x	x				13					x	x	x	16
15	x	x								15								x	4	x	x				13					x	x	x	15
14	x	x								15								x	4	x	x				13					x	x	x	14
13	x	x								15								x	4	x	x				13					x	x	x	13
12	x	x								15								x	4	x	x				13					x	x	x	12
11	x	x								15								x	4	x	x				13					x	x	x	11
10	x	x	x							13						x	x	x	5	x	x				13					x	x	x	10
9	x	4	x	x						11			x	x	x	x	6	x	x				13					x	x	x	9
8	x	x	x							13			x	x	x	6	x	x	x				11				x	x	x	x	8
7	x	x								15				x	x	5	x	x	x				11					x	x	x	7
6	x	x								15				x	6	x	x	x	x				9			x	x	4	x	6
5	x	x	x			5			x			x		5			x	x	8	x	x	x	x	x		7		x	x	x	5	x	5
4	x	x	5	x	x			x	x			x	x			x	x	x	11	x	x	x	x	x	x		5			x	x	x	x	6	x	4
3		x	8	x	x	x	x	x	x			x	x	x	x	x	8	x		x	8	x	x	x	x	x	x		x	x	x	8	x	3
2		x	8	x	x	x	x	x	x		x	x	x	x	x	x	8	x		x	8	x	x	x	x	x	x		x	x	x	8	x	2
1		x	8	x	x	x	x	x	x		x	x	x	x	x	x	8	x		x	8	x	x	x	x	x	x		x	x	x	8	x	1

| 36 | 35 | 34 | 33 | 32 | 31 | 30 | 29 | 28 | 27 | 26 | 25 | 24 | 23 | 22 | 21 | 20 | 19 | 18 | 17 | 16 | 15 | 14 | 13 | 12 | 11 | 10 | 9 | 8 | 7 | 6 | 5 | 4 | 3 | 2 | 1 |

Dieses Quadrat stellt eine Kombination der mittelgroßen Blätter und Früchte der in diesem Buch verwendeten drei Baumarten dar. Die Bucheckern und die Eicheln basieren auf einem ähnlichen Grundmuster, deshalb war es ein Leichtes, sie in diesem Quadrat gegeneinander auszutauschen.

In einem Stück gestrickte Decke

Jede Reihe über die Breite der Decke hinweg so oft wiederholen, wie für die gewünschte Deckengröße erforderlich. Hinweis: Falls Sie nach dem vorhergehenden Muster die Garnfarbe wechseln, stricken Sie in der 1. Reihe alle Maschen rechts, statt die unten angegebene Musterreihe zu arbeiten, damit eine saubere Verbindung entsteht.

Zur Verbindung mit großen oder mittelgroßen Blattmustern:
* **1. Reihe**: 4 x [8 M li, 1 M re].
2. Reihe: 4 x [1 M li, 8 M re].
3. Reihe: 4 x [8 M li, 1 M re].
4. Reihe: 4 M re, 3 M li, 2 M re, 1 M li, 2 M re, 3 M li, 10 M re, 5 M li, 6 M re.
5. Reihe: 5 M li, 7 M re, 8 M li, 5 M re, 1 M li, 1 M re, 1 M li, 5 M re, 3 M li.
6. Reihe: 3 M re, 13 M li, 7 M re, 9 M li, 4 M re.
7. Reihe: 4 M li, 9 M re, 8 M li, 11 M re, 4 M li.
8. Reihe: 5 M re, 9 M li, 8 M re, 11 M li, 3 M re.
9. Reihe: 3 M li, 11 M re, 7 M li, 11 M re, 4 M li.
10. Reihe: 3 M re, 13 M li, 6 M re, 11 M li, 3 M re.
11. Reihe: 3 M li, 11 M re, 6 M li, 13 M re, 3 M li.
12. und 13. Reihe: Die 10. und 11. R wdh.
14. Reihe: 3 M re, 3 M li, 1 M re, 5 M li, 1 M re, 3 M li, 6 M re, 11 M li, 3 M re.
15. Reihe: 4 M li, 9 M re, 7 M li, 2 M re, 2 M li, 5 M re, 2 M li, 2 M re, 3 M li.
16. Reihe: 3 M re, 1 M li, 3 M re, 5 M li, 1 M re, 1 M li, 7 M re, 9 M li, 4 M re.
17. Reihe: 5 M li, 7 M re, 12 M li, 5 M re, 7 M li.
18. Reihe: 7 M re, 5 M li, 12 M re, 7 M li, 5 M re.

19. Reihe: 3 M li, 1 M re, 2 M li, 5 M re, 2 M li, 1 M re, 11 M li, 3 M re, 8 M li.
20. Reihe: 8 M re, 3 M li, 10 M re, 3 x [3 M li, 2 M re].
21. Reihe: 3 x [1 M li, 1 M re], 2 x [2 M li, 1 M re], 2 x [1 M li, 1 M re], 5 M li, 2 M re, 3 M li, 1 M re, 3 M li, 2 M re, 4 M li.
22. Reihe: 3 M re, 4 M li, 5 M re, 4 M li, 4 M re, 5 M li, 5 M re, 5 M li, 1 M re.
23. Reihe: 1 M li, 5 M re, 5 M li, 5 M re, 4 M li, 4 M re, 5 M li, 4 M re, 3 M li.
24. Reihe: 2 x [3 M re, 5 M li], 4 M re, 5 M li, 5 M re, 5 M li, 1 M re.
25. Reihe: 2 M li, 3 M re, 7 M li, 3 M re, 6 M li, 4 M re, 3 M li, 4 M re, 4 M li.
26. Reihe: 5 M re, 3 M li, 3 M re, 2 x [3 M li, 7 M re], 3 M li, 2 M re.
27. Reihe: 3 M li, 2 x [1 M re, 4 M li], 1 M re, 9 M li, 3 x [1 M re, 1 M li], 1 M re, 6 M li.
28. Reihe: 1 M li, 6 M re, 5 M li, 6 M re, 2 x [1 M li, 3 M re], 3 M li, 3 M re, 1 M li, 3 M re.
29. Reihe: 2 x [1 M re, 2 M li], 5 M re, 2 M li, 1 M re, 2 M li, 3 M re, 5 M li, 5 M re, 5 M li, 2 M re.
30. Reihe: 3 M li, 4 M re, 5 M li, 5 M re, 3 M li, 5 M re, 5 M li, 4 M re, 2 M li.
31. Reihe: 3 M re, 3 M li, 5 M re, 3 M li, 7 M re, 5 M li, 1 M re, 5 M li, 4 M re.
32. Reihe: 4 M li, 5 M re, 1 M li, 5 M re, 7 M li, 4 M re, 1 M li, 5 M re, 1 M li, 4 M re, 3 M li.
33. Reihe: 4 M re, 2 M li, 2 x [1 M re, 1 M li], 1 M re, 3 M li, 7 M re, 5 M li, 1 M re, 4 M li, 5 M re.
34. Reihe: 5 M li, 4 M re, 1 M li, 3 M re, 11 M li, 2 M re, 1 M li, 1 M re, 1 M li, 3 M re, 4 M li.
35. Reihe: 5 M re, 3 M li, 1 M re, 3 M li, 11 M re, 7 M li, 6 M re.
36. Reihe: 6 M li, 7 M re, 11 M li, 3 M re, 1 M li, 3 M re, 5 M li.
37. Reihe: 5 M re, 3 M li, 1 M re, 4 M li, 9 M re, 8 M li, 6 M re.

38. Reihe: 6 M li, 9 M re, 7 M li, 9 M re, 5 M li.
39. Reihe: 5 M re, 8 M li, 9 M re, 8 M li, 6 M re.
40. Reihe: 6 M li, 8 M re, 9 M li, 8 M re, 5 M li.
41. Reihe: 5 M re, 8 M li, 9 M re, 8 M li, 6 M re.
42. Reihe: 2 x [5 M li, 11 M re], 4 M li.
43. Reihe: 4 M re, 10 M li, 7 M re, 10 M li, 5 M re.
44. Reihe: 4 M li, 11 M re, 7 M li, 11 M re, 3 M li.
45. Reihe: 2 M re, 12 M li, 7 M re, 12 M li, 3 M re.
46. Reihe: 4 x [1 M li, 8 M re].
47. Reihe: 4 x [8 M li, 1 M re].
48. Reihe: 4 x [1 M li, 8 M re]. **
Zum Anschluss unterhalb kleiner Blattmustern:
1.–45. Reihe: Die 1.–45. R str, wie oben beschrieben.
46. Reihe: 2 x [1 M li, 17 M re].

47. Reihe: 5 M li, 1 M re, 23 M li, 1 M re, 5 M li, 1 M re.
48. Reihe: 1 M li, 5 M re, 2 x [1 M li, 11 M re], 1 M li, 5 M re.

Einzelne Quadrate

36 M anschl.
Von * bis ** str.
Alle M abk.

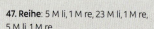

Zum Anschluss unterhalb kleiner Blattmuster:

	1	2	3	4	5	6	7	8	9	10	11	12	13	14	15	16	17	18	19	20	21	22	23	24	25	26	27	28	29	30	31	32	33	34	35	36	
48		x	x	5	x	x		x	x	x	x	x	x	11	x	x	x	x	x		x	x	x	x	x	11	x	x	x	x	x		x	x	5	x	x	48
47		x	x	5	x	x		x	x	x	x	x	x	x	x	x	x	x	x		x	x	x	x	x	23	x	x	x	x	x		x	x	5	x	x	47
46		x	x	x	x	x	x	x	x	x	x	x	x	x	x	x	17	x	x		x	x	x	x	x	x	17	x	x	x	x	x	x	x	x	x	x	46

Zur Verbindung mit großen oder mittelgroßen Blattmustern:

	1	2	3	4	5	6	7	8	9	10	11	12	13	14	15	16	17	18	19	20	21	22	23	24	25	26	27	28	29	30	31	32	33	34	35	36	
48		x	x	x	x	x	x	x	8	x		x	8	x	x	x	x	x		x	x	x	x	x	x	8	x		x	8	x	x	x	x	x	x	48
47		x	x	x	x	x	x	x	8	x		x	8	x	x	x	x	x		x	x	x	x	x	x	8	x		x	8	x	x	x	x	x	x	47
46		x	x	x	x	x	x	x	8	x		x	8	x	x	x	x	x		x	x	x	x	x	x	8	x		x	8	x	x	x	x	x	x	46
45				x	x	x	x	x	x	12	x	x	x	x	x					7				x	x	x	x	x	x	12	x	x	x	x	x	x	45
44		4			x	x	x	x	x	11	x	x	x	x	x					7				x	x	x	x	x	11	x	x	x	x	x	x		44
43		5				x	x	x	x	10	x	x	x	x						7				x	x	x	x	x	10	x	x	x	x			4	43
42		5				x	x	x	x	11	x	x	x	x	x		x			5			x	x	x	x	x	11	x	x	x	x			4		42
41		6					x	x	x	8	x	x	x	x						9				x	x	x	x	8	x	x	x				5		41
40		6					x	x	x	8	x	x	x	x						9				x	x	x	x	8	x	x	x				5		40
39		6					x	x	x	8	x	x	x	x						9				x	x	x	x	8	x	x	x				5		39
38		6					x	x	x	9	x	x	x	x	x					7			x	x	x	x	x	9	x	x	x				5		38
37		6					x	x	x	8	x	x	x							9				x	x	4	x		x	x	x				5		37
36		6					x	x	x	7	x	x	x							11				x	x	x	x		x	x	x				5		36
35		6					x	x	x	7	x	x	x							11				x	x	x	x		x	x	x				5		35
34		5				x	4	x	x		x	x	x							11				x	x	x		x		x	x	x			4		34
33		5				x	4	x	x		x	x	x	5	x					7			x	x	x		x		x		x	x	x		4		33
32		4			x	x	5	x	x		x	x	x	5	x					7			x	4	x	x		x		x	x	4	x				32
31		4			x	x	5	x	x		x	x	x	5	x					7			x	x	x		5			x	x	x					31
30				x	x	4	x			5			x	5	x	x	x				x	x	5	x	x		5			x	x	4	x				30
29			x	x	x	5	x			5			x	5	x	x	x				x	x	x	x			5			x	x		x	x			29
28		x	x	x	x	6	x			5			x	6	x	x	x	x			x	x	x	x						x	x		x	x	x	x	28
27	x	x	x	x	6	x		x		x		x		x	x	x	x		9	x	x	x		x	x	4	x		x	4	x	x		x	x	x	27
26	x	x	x	x	5	x			x	x	x			x	x	x	x		7	x	x			x	x	x	7	x	x	x				x	x	x	26
25	x	4	x	x		4			x	x	x		4		x	x	x		6	x	x			x	x	x	7	x	x					x	x	x	25
24	x	x	x			5			x	x	x			5			x	x	4	x		5			x	x	5	x	x		5					x	24
23	x	x	x			4		x	x	5	x	x		4			x	x	4	x		5			x	x	5	x	x		5					x	23
22	x	x	x			4		x	x	5	x	x		4			x	x	4	x		5			x	x	5	x	x		5					x	22
21	x	x	4	x			x	x	x		x	x	x			x	x	x	5	x		x		x	x	x		x	x		x		x			x	21
20	x	x	x	8	x	x	x					x	x	x	x	x	x	x	10	x	x			x	x			x	x		x	x			x	x	20
19	x	x	x	8	x	x	x					x	x	x	x	x	x	x	11	x	x	x		x	x		5			x	x		x	x	x	x	19
18	x	x	x	7	x	x	x			5			x	x	x	x	x	x	12	x	x	x	x	x			7			x	x	x	x	5	x	x	18
17	x	x	x	7	x	x	x			5			x	x	x	x	x	x	12	x	x	x	x	x			7			x	x	x	x	5	x	x	17
16	x	x	x			x	x	x		5			x	x	x		x	x	7	x	x	x	x				9					x	x	4	x		16
15	x	x	x			x	x	x		5			x	x			x	x	7	x	x	x	x				9					x	x	4	x		15
14	x	x	x				x	x		5			x	x			x	x	6	x	x	x	x				11					x	x	x	x		14
13	x	x	x							13				x	x		x	x	6	x	x	x	x				11					x	x	x	x		13
12	x	x	x							13				x	x		x	x	6	x	x	x	x				11					x	x	x	x		12
11	x	x	x							13				x	x		x	x	6	x	x	x	x				11					x	x	x	x		11
10	x	x	x							13				x	x		x	x	6	x	x	x	x				11					x	x	x	x		10
9	x	4	x	x						11				x	x	x	x	x	7	x	x	x					11					x	x	x	x		9
8	x	5	x	x	x					9			x	x	x	x	x	x	8	x	x	x					11					x	x	x	x		8
7	x	4	x	x						11			x	x	x	x	x	x	8	x	x	x	x				9				x	x	4	x		7
6	x	x	x							13			x	x	x	x	x	x	8	x	x	x	x				9				x	x	4	x		6
5	x	x	x			5			x		x			5			x	x	8	x	x	x	x	x			7				x	x	x	5	x		5
4	x	x	x	x				x	x		x	x			x	x	x	10	x	x	x	x	x	x		5			x	x	x	x	x	6	x		4
3		x	8	x	x	x	x	x	x		x	x	x	x	x	x	x	8	x		x	8	x	x	x	x	x	x		x	x	x	x	8	x		3
2		x	8	x	x	x	x	x	x		x	x	x	x	x	x	x	8	x		x	8	x	x	x	x	x	x		x	x	x	x	8	x		2
1		x	8	x	x	x	x	x	x		x	x	x	x	x	x	x	8	x		x	8	x	x	x	x	x	x		x	x	x	x	8	x		1

36	35	34	33	32	31	30	29	28	27	26	25	24	23	22	21	20	19	18	17	16	15	14	13	12	11	10	9	8	7	6	5	4	3	2	1

In einem Stück gestrickte Decke

Jede Reihe über die Breite der Decke hinweg so oft wiederholen, wie für die gewünschte Deckengröße erforderlich. Hinweis: Falls Sie nach dem vorhergehenden Muster die Garnfarbe wechseln, stricken Sie in der 1. Reihe alle Maschen rechts, statt die unten angegebene Musterreihe zu arbeiten, damit eine saubere Verbindung entsteht.

Zur Verbindung mit kleinen Blattmustern:

* 1. Reihe: 6 x [5 M li, 1 M re].

2. Reihe: 1 M li, 3 M re, 5 M li, 3 M re, 1 M li, 2 M re, 2 M li, 1 M re, 1 M li, 1 M re, 2 M li, 2 M re, 1 M li, 4 M re, 3 M li, 4 M re.

3. Reihe: 3 M li, 5 M re, 3 M li, 1 M re, 1 M li, 9 M re, 1 M li, 1 M re, 2 M li, 7 M re, 2 M li, 1 M re.

4. Reihe: 3 M re, 7 M li, 4 M re, 9 M li, 5 M re, 5 M li, 3 M re.

5. Reihe: 2 M li, 7 M re, 4 M li, 9 M re, 5 M li, 5 M re, 4 M li.

6. Reihe: 3 M re, 2 x [7 M li, 5 M re], 7 M li, 2 M re.

7. Reihe: 2 M li, 7 M re, 4 M li, 9 M re, 3 M li, 9 M re, 2 M li.

8. Reihe: 2 M re, 9 M li, 3 M re, 9 M li, 4 M re, 7 M li, 2 M re.

9. Reihe: 2 M li, 7 M re, 4 M li, 9 M re, 3 M li, 1 M re, 1 M li, 5 M re, 1 M li, 1 M re, 2 M li.

10. Reihe: 3 M re, 7 M li, 4 M re, 2 M li, 1 M re, 3 M li, 1 M re, 2 M li, 5 M re, 5 M li, 3 M re.

11. Reihe: 3 M li, 5 M re, 5 M li, 1 M re, 2 M li, 3 M re, 2 M li, 1 M re, 4 M li, 7 M re, 3 M li.

12. Reihe: 3 x [1 M li, 4 M re, 3 M li, 4 M re].

13. Reihe: 1 M re, 5 x [3 M li, 3 M re], 3 M li, 2 M re.

14. Reihe: 2 M li, 2 x [4 M re, 1 M li, 4 M re, 3 M li], 4 M re, 1 M li, 4 M re, 1 M li.

15. Reihe: 1 M re, 2 M li, 1 M re, 4 M li, 7 M re, 6 M li, 5 M re, 5 M li, 1 M re, 2 M li, 2 M re.

16. Reihe: 2 M li, 1 M re, 2 M li, 5 M re, 5 M li, 6 M re, 7 M li, 4 M re, 2 M li, 1 M re, 1 M li.

17. Reihe: 4 M re, 3 M li, 1 M re, 1 M li, 5 M re, 1 M li, 1 M re, 4 M li, 7 M re, 4 M li, 5 M re.

18. Reihe: 5 M li, 4 M re, 7 M li, 4 M re, 9 M li, 3 M re, 4 M li.

19. Reihe: 4 M re, 3 M li, 9 M re, 4 M li, 7 M re, 4 M li, 5 M re.

20. Reihe: 4 M li, 2 x [5 M re, 7 M li], 5 M re, 3 M li.

21. Reihe: 4 M re, 5 M li, 5 M re, 6 M li, 7 M re, 4 M li, 5 M re.

22. Reihe: 5 M li, 5 M re, 5 M li, 6 M re, 7 M li, 4 M re, 4 M li

23. Reihe: 4 M re, 1 M li, 1 M re, 2 M li, 7 M re, 2 M li, 1 M re, 3 M li, 5 M re, 3 M li, 1 M re, 1 M li, 5 M re.

24. Reihe: 1 M li, 1 M re, 2 M li, 2 M re, 1 M li, 4 M re, 3 M li, 4 M re, 1 M li, 3 M re, 5 M li, 3 M re, 1 M li, 2 M re, 2 M li, 1 M re.

25.–48. Reihe: Die 1.–24. R wdh. ******

Zur Verbindung oberhalb von großen oder mittelgroßen Blattmustern:

1. Reihe: 5 M li, [1 M re, 11 M li], 1 M re, 5 M li, 1 M re.

2. Reihe: 1 M li, 3 M re, 5 M li, 6 M re, 2 M li, 1 M re, 1 M li, 1 M re, 2 M li, 7 M re, 3 M li, 4 M re.

3. Reihe: 3 M li, 5 M re, 5 M li, 9 M re, 4 M li, 7 M re, 2 M li, 1 M re.

4.–48. Reihe: Die 4.–48. R str, wie oben beschrieben (dabei die 1.–3. R für die 25.–27. R arb).

Einzelne Quadrate

36 M anschl.
Von * bis ** str.
Alle M abk.

Das Muster Kleiner Blättermix entspricht dem Muster Großer Blättermix, des Blickes vom Boden in die Krone wegen jedoch in geringerer Größe. Wenn Sie dieses Muster oberhalb der Quadrate Mittelgroßer oder Großer Blättermix anschließen wollen, müssen Sie bei diesem Muster ebenso wie bei den beiden anderen den entsprechenden Anleitungen folgen.

Zur Verbindung mit kleinen Blattmustern:

	1	2	3	4	5	6	7	8	9	10	11	12	13	14	15	16	17	18	19	20	21	22	23	24	25	26	27	28	29	30	31	32	33	34	35	36	
48		x				x	x		x	x	x	x			x	x	x	x		x	x	x						x	x	x		x	x			x	48
47							x		x	x	x					x	x	x	x	x									x	x		x	x				47
46						x	x	x	x	x	x					x	x	x	x									x	x	x	x	x					46
45						x	x	x	x						x	x	x	x	x	x								x	x	x	x	x	x				45
44				x	x	x	x	x							x	x	x	x	x									x	x	x	x	x	x				44
43					x	x	x	x							x	x	x	x											x	x	x						43
42					x	x	x	x							x	x	x	x											x	x	x						42
41					x	x	x	x							x	x	x	x	x		x							x		x	x	x					41
40		x			x	x	x	x	x						x	x	x	x		x	x	x						x	x	x	x	x		x			40
39		x	x		x	x	x	x	x						x	x	x	x		x	x							x	x	x	x	x		x	x		39
38		x	x	x	x	x	x	x	x					x	x	x	x		x	x	x	x			x	x		x	x			x	x	x	x	x	38
37		x	x	x			x	x	x			x	x	x			x	x	x			x	x	x				x	x	x							37
36		x	x	x	x			x	x	x	x		x	x	x	x			x	x	x	x		x	x	x	x				x	x	x	x	x	36
35	x	x	x				x	x	x	x		x	x			x	x		x	x		x	x	x	x							x	x	x		35
34	x	x	x				x	x	x	x		x			x			x		x	x	x	x	x							x	x	x			34
33	x	x		x				x		x	x	x						x	x	x	x	x									x	x	x			33
32	x	x						x	x	x								x	x	x	x	x									x	x	x			32
31	x	x						x	x	x								x	x	x											x	x	x			31
30	x	x	x					x	x	x	x	x				x	x	x		x	x	x						x	x	x		x	x			30
29	x	x	x	x			x	x	x	x	x	x				x	x	x		x	x	x							x	x	x	x	x			29
28	x	x	x					x	x	x	x							x	x	x	x	x	x						x	x	x	x	x			28
27		x	x					x	x		x							x		x	x	x							x	x	x					27
26		x	x	x			x	x	x	x		x	x		x		x		x	x		x	x	x		x	x		x	x		x	x			26
25	x	x	x	x	x	x		x	x	x	x	x		x	x	x	x	x	x	x	x	x		x	x	x	x	x	x	x		x	x	x	x	25
24		x			x	x		x	x	4	x			x	4	x	x		x	x	x		5				x	x	x	x		x				24
23		5				x		x	x	x		5			x	x	x		x	x		7				x	x		x				4			23
22		5			x	5	x	x	x		5				x	x	x	6	x	x		7				x	x	4	x				4			22
21		5			x	4	x	x		7				x	x	6	x	x	x		5				x	x	5	x				4				21
20	4			x	x	5	x	x		7				x	x	5	x	x		7				x	x	5	x	x								20
19	5				x	4	x	x		7				x	x	4	x		9				x	x	x				4							19
18	5				x	4	x	x		7				x	x	4	x		9				x	x	x				4							18
17	5				x	4	x	x		7				x	x	4	x		5			x			x				4							17
16		x			x	5	x	x		5				x	x	6	x	x		7			x	x	4	x			x							16
15		x	x		x	5	x	x		5				x	x	6	x	x		7			x	x	4	x		x	x							15
14		x	4	x	x			x	x	4	x			x	4	x	x		x	x	4	x			x	4	x	x		x	x	4	x	x		14
13		x	x	x			x	x	x					x	x	x			x	x	x				x	x	x			x	x	x				13
12		x	x	4	x			x	4	x	x		x	x	4	x			x	4	x	x		x	x	4	x			x	4	x	x			12
11	x	x	x			7			x	x		4	x	x		x	x		x	x		x	5	x	x	x		5			x	x	x			11
10	x	x	x			7			x	4	x	x		x			x	x		x	5	x	x	x		5			x	x						10
9	x	x		x		5			x							9			x	4	x	x		7			x	x								9
8	x	x				9			x	x	x					9			x	4	x	x		7			x	x								8
7	x	x				9			x	x	x					9			x	4	x	x		7			x	x								7
6	x	x	x			7			x	x	5	x	x			7			x	x	5	x		7			x	x								6
5	x	4	x	x		5			x	x	x	5	x			9			x	4	x	x		7			x	x								5
4	x	x	x			7			x	x	4	x				9			x	5	x	x		5			x	x								4
3		x	x			7			x	x	x					9			x		x	x		5			x	x								3
2	x	x	x	x		5			x	x	x		x	x		x			x		x		x	x		x	4	x	x			x	x	4	x	2
1	x	x	5	x	x		x	x	5	x	x		x	x	5	x	x		x	x	5	x	x		x	x	5	x	x		x	x	5	x	x	1
	36	35	34	33	32	31	30	29	28	27	26	25	24	23	22	21	20	19	18	17	16	15	14	13	12	11	10	9	8	7	6	5	4	3	2	1	

Zur Verbindung oberhalb von großen oder mittelgroßen Blattmustern:

	1	2	3	4	5	6	7	8	9	10	11	12	13	14	15	16	17	18	19	20	21	22	23	24	25	26	27	28	29	30	31	32	33	34	35	36	
3		x	x			7			x	x	4	x				9			x	5	x	x	x			5					x	x	x				3
2		x	x	x		5			x	x	x	6	x	x			x		x	x	7	x	x	x					x	x	4	x					2
1		x	x	5	x	x		x	x	x	x	x	11	x	x	x	x	x	x	x	x	11	x	x	x	x	x	x	5	x	x						1
	36	35	34	33	32	31	30	29	28	27	26	25	24	23	22	21	20	19	18	17	16	15	14	13	12	11	10	9	8	7	6	5	4	3	2	1	

Gebirge

Gebirge sind große Landschaften, deshalb ändert sich der Maßstab der Motive in diesem Kapitel im Vergleich zu den vorangegangenen Abschnitten. Wir betrachten Bäume und Hügel mit den majestätischen Bergen im Hintergrund quasi aus der Ferne.

Während wir im Kapitel über den Wald einzelne Blätter betrachtet haben, geht es hier um Gruppen von Nadelbäumen, die weiter entfernt in der Landschaft stehen. Die Auswahl der Muster beginnt mit großen Nadelbäumen im Vordergrund, die in gleichmäßigen Abständen ange-ordnet sind, sodass ihre charakteristischen Merkmale gut zu erken-nen sind. Sie basieren auf den „happy little trees" des Künstlers Bob Ross, der damit vermutlich die Weißfichte (Picea glauca) aus Alaska darstellte. Seine Fernsehshows in den 1980er- und 1990er-Jahren stießen auf ein geteiltes Echo, doch die Bäume, die Ross gemalt hat, hatten eine einfache und leicht reproduzierbare Form – genau das also, was für die Rapportmuster in diesem Buch erforder-lich ist. Das Muster **Kleine Nadelbäume** rückt die Bäume weiter in die Ferne und lässt sie dadurch kleiner erscheinen. Das Quadrat **Kom-binierte Nadelbäume** zeigt, wie sich diese Muster für eine kleinere Decke, z.B. für das Modell **Schneegebirge**, verbinden lassen.

Jenseits der kleinen Nadelbäume erstreckt sich eine Gruppe nebli-ger Hügel, die im Muster **Vorgebirge** dargestellt ist. Diese Hügel vor den höheren, zerklüfteten Bergen sind kleiner und runder. Oft hält sich der Nebel in den Tälern zwischen den Hügeln und hebt deren Konturen hervor. Hoch über dem Dunst erheben sich die felsigen Berge – hell auf der Seite, die der Sonne zugewandt ist, und schat-tenspendend auf der anderen Seite. Im Muster **Berge** wiederholen sich Berge in die Weite hinein. Das Muster **Kombinierte Berge** verbindet die Vorgebirge und die hohen Berge in einem Quadrat.

33 / Große Nadelbäume

In einem Stück gestrickte Decke

Jede Reihe über die Breite der Decke hinweg so oft wiederholen, wie für die gewünschte Deckengröße erforderlich.

* **1. Reihe:** Re M str bis R-Ende.
2. Reihe: 8 M li, 1 M re, 1 M li, 1 M re, 15 M li, 1 M re, 1 M li, 1 M re, 7 M li.
3. Reihe: 7 M re, 1 M li, 1 M re, 1 M li, 15 M re, 1 M li, 1 M re, 1 M li, 8 M re.
4. Reihe: 8 M li, 8 M re, 10 M li, 8 M re, 2 M li.
5. Reihe: 3 M re, 12 M li, 6 M re, 12 M li, 3 M re.
6. Reihe: 4 M li, 9 M re, 9 M li, 9 M re, 5 M li.
7. Reihe: 6 M re, 6 M li, 12 M re, 6 M li, 6 M re.
8. Reihe: 7 M li, 8 M re, 10 M li, 8 M re, 3 M li.
9. Reihe: 4 M re, 10 M li, 8 M re, 10 M li, 4 M re.
10. Reihe: 5 M li, 7 M re, 11 M li, 7 M re, 6 M li.
11. Reihe: 7 M re, 4 M li, 14 M re, 4 M li, 7 M re.
12. Reihe: 8 M li, 6 M re, 12 M li, 6 M re, 4 M li.
13. Reihe: 5 M re, 8 M li, 10 M re, 8 M li, 5 M re.
14. Reihe: 6 M li, 5 M re, 13 M li, 5 M re, 7 M li.
15. Reihe: 8 M re, 2 M li, 16 M re, 2 M li, 8 M re.
16. Reihe: 9 M li, 4 M re, 14 M li, 4 M re, 5 M li.
17. Reihe: Wie die 7. R str.
18. Reihe: 7 M li, 4 M re, 14 M li, 4 M re, 7 M li.
19. Reihe: Wie die 15. R str.
20. Reihe: 9 M li, 3 M re, 15 M li, 3 M re, 6 M li.
21. Reihe: Wie die 11. R str.
22. Reihe: 8 M li, 2 M re, 16 M li, 2 M re, 8 M li.
23. Reihe: 8 M re, 1 M li, 17 M re, 1 M li, 9 M re.
24. Reihe: 9 M li, 1 M re, 17 M li, 1 M re, 8 M li.
25. Reihe: Re M str bis R-Ende.
26. Reihe: 2 x [1 M li, 1 M re, 15 M li, 1 M re].
27. Reihe: 2 x [1 M re, 15 M li, 1 M re, 1 M li].
28. Reihe: 7 M re, 10 M li, 8 M re, 10 M li, 1 M re.
29. Reihe: 6 M li, 6 M re, 12 M li, 6 M re, 6 M li.
30. Reihe: 4 M re, 9 M li, 9 M re, 9 M li, 5 M re.
31. Reihe: 3 M li, 12 M re, 6 M li, 12 M re, 3 M li.
32. Reihe: 6 M re, 10 M li, 8 M re, 10 M li, 2 M re.
33. Reihe: 5 M li, 8 M re, 10 M li, 8 M re, 5 M li.
34. Reihe: 3 M re, 11 M li, 7 M re, 11 M li, 4 M re.
35. Reihe: 2 M li, 14 M re, 4 M li, 14 M re, 2 M li.
36. Reihe: 5 M re, 12 M li, 6 M re, 12 M li, 1 M re.
37. Reihe: 4 M li, 10 M re, 8 M li, 10 M re, 4 M li.
38. Reihe: 2 M re, 13 M li, 5 M re, 13 M li, 3 M re.
39. Reihe: 1 M li, 16 M re, 2 M li, 16 M re, 1 M li.
40. Reihe: 2 x [4 M re, 14 M li].
41. Reihe: Wie die 31. R str.
42. Reihe: 2 M re, 14 M li, 4 M re, 14 M li, 2 M re.
43. Reihe: Wie die 39. R str.
44. Reihe: 2 x [3 M re, 15 M li].
45. Reihe: Wie die 35. R str.
46. Reihe: 1 M re, 16 M li, 2 M re, 16 M li, 1 M li.
47. Reihe: 2 x [17 M re, 1 M li].
48. Reihe: 2 x [1 M re, 17 M li]. **

Einzelne Quadrate

36 M anschl.
Von * bis ** str.
49. Reihe: Re M str bis R-Ende.
Alle M li abk.

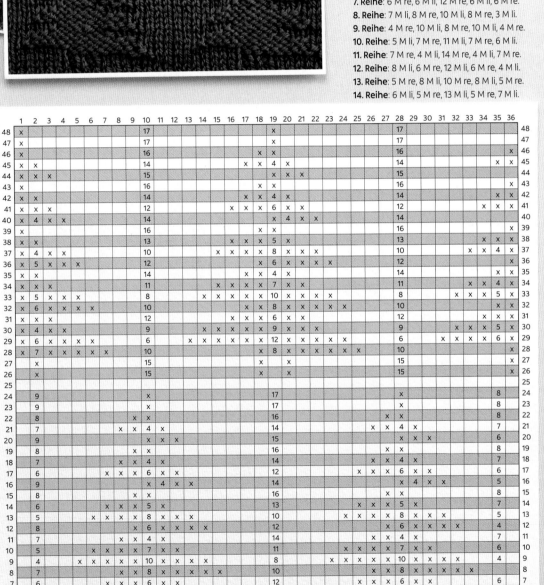

34 / Kleine Nadelbäume

In einem Stück gestrickte Decke

Jede Reihe über die Breite der Decke hinweg so oft wieder-holen, wie für die gewünschte Deckengröße erforderlich.

* 1. Reihe: Re M str bis R-Ende.

2. Reihe: 3 M li, 3 x [1 M re, 1 M li, 1 M re, 6 M li], 1 M re, 1 M li, 1 M re, 3 M li.

3. Reihe: 3 M re, 3 x [1 M li, 1 M re, 1 M li, 6 M re], 1 M li, 1 M re, 1 M li, 3 M re.

4. Reihe: 1 M li, 3 x [7 M re, 2 M li], 7 M re, 1 M li.

5. Reihe: 2 M re, 3 x [5 M li, 4 M re], 5 M li, 2 M re.

6. Reihe: 3 M li, 3 x [3 M re, 6 M li], 3 M re, 3 M li.

7. und 8. Reihe: Die 5. und 6. R wdh.

9. Reihe: 4 M re, 3 x [1 M li, 8 M re], 1 M li, 4 M re.

10. Reihe: 3 M li, 3 x [3 M re, 6 M li], 3 M re, 3 M li.

11. Reihe: 4 M re, 3 x [1 M li, 8 M re], 1 M li, 4 M re.

12. Reihe: 4 M li, 3 x [1 M re, 8 M li], 1 M re, 4 M li.

13. Reihe: Re M str bis R-Ende.

14. Reihe: 4 x [1 M li, 1 M re, 6 M li, 1 M re].

15. Reihe: 4 x [1 M li, 6 M re, 1 M li, 1 M re].

16. Reihe: 4 M re, 3 x [2 M li, 7 M re], 2 M li, 3 M re.

17. Reihe: 2 M li, 3 x [4 M re, 5 M li], 4 M re, 3 M li.

18. Reihe: 2 M re, 3 x [6 M li, 3 M re], 6 M li, 1 M re.

19. und 20. Reihe: Die 17. und 18. R wdh.

21. Reihe: 4 x [8 M re, 1 M li].

22. Reihe: 2 M re, 3 x [6 M li, 3 M re], 6 M li, 1 M re.

23. Reihe: 4 x [8 M re, 1 M li].

24. Reihe: 4 x [1 M re, 8 M li].

25.–48. Reihe: Die 1.–24. R wdh. **

Einzelne Quadrate

36 M anschl.

Von * bis ** str.

49. Reihe: Re M str bis R-Ende.

Alle M li abk.

	1	2	3	4	5	6	7	8	9	10	11	12	13	14	15	16	17	18	19	20	21	22	23	24	25	26	27	28	29	30	31	32	33	34	35	36	
48	x									x									x									x									48
47	x									x									x									x									47
46	x	x							x	x	x							x	x	x							x	x	x							x	46
45	x									x									x									x									45
44	x	x							x	x	x							x	x	x							x	x	x							x	44
43	x	x	x					x	x	x	x	x					x	x	x	x	x					x	x	x	x	x					x	x	43
42	x	x							x	x	x							x	x	x							x	x	x							x	42
41	x	x	x					x	x	x	x	x					x	x	x	x	x					x	x	x	x	x					x	x	41
40	x	x	x	x			x	x	x	x	x	x	x			x	x	x	x	x	x	x			x	x	x	x	x	x	x			x	x	x	40
39		x							x		x							x		x							x		x							x	39
38		x							x		x							x		x							x		x							x	38
37																																					37
36					x									x									x									x					36
35					x									x									x									x					35
34				x	x	x							x	x	x							x	x	x							x	x	x				34
33					x									x									x									x					33
32				x	x	x							x	x	x							x	x	x							x	x	x				32
31			x	x	x	x	x					x	x	x	x	x					x	x	x	x	x					x	x	x	x	x			31
30				x	x	x							x	x	x							x	x	x							x	x	x				30
29			x	x	x	x	x					x	x	x	x	x					x	x	x	x	x					x	x	x	x	x			29
28		x	x	x	x	x	x	x			x	x	x	x	x	x	x			x	x	x	x	x	x	x			x	x	x	x	x	x	x		28
27				x		x							x		x							x		x							x		x				27
26				x		x							x		x							x		x							x		x				26
25																																					25
24	x				8					x				8					x				8					x				8					24
23	x				8					x				8					x				8					x				8					23
22	x	x			6				x	x	x			6				x	x	x			6				x	x	x			6				x	22
21	x				8					x				8					x				8					x				8					21
20	x	x			6				x	x	x			6				x	x	x			6				x	x	x			6				x	20
19	x	x	x		4			x	x	5	x	x		4			x	x	5	x	x		4			x	x	5	x	x		4			x	x	19
18	x	x			6				x	x	x			6				x	x	x			6				x	x	x			6				x	18
17	x	x	x		4			x	x	5	x	x		4			x	x	5	x	x		4			x	x	5	x	x		4			x	x	17
16	x	4	x	x			x	x	x	7	x	x	x			x	x	x	7	x	x	x			x	x	x	7	x	x	x			x	x	x	16
15		x			6				x		x			6				x		x			6				x		x			6				x	15
14		x			6				x		x			6				x		x			6				x		x			6				x	14
13																																					13
12		4			x				8					x				8					x				8					x			4		12
11		4			x				8					x				8					x				8					x			4		11
10				x	x	x			6				x	x	x			6				x	x	x			6				x	x	x				10
9		4			x				8					x				8					x				8					x			4		9
8				x	x	x			6				x	x	x			6				x	x	x			6				x	x	x				8
7			x	x	5	x	x		4			x	x	5	x	x		4			x	x	5	x	x		4			x	x	5	x	x			7
6				x	x	x			6				x	x	x			6				x	x	x			6				x	x	x				6
5			x	x	5	x	x		4			x	x	5	x	x		4			x	x	5	x	x		4			x	x	5	x	x			5
4		x	x	x	7	x	x	x			x	x	x	7	x	x	x			x	x	x	7	x	x	x			x	x	x	7	x	x	x		4
3				x		x			6				x		x			6				x		x			6				x		x				3
2				x		x			6				x		x			6				x		x			6				x		x				2
1																																					1
	36	35	34	33	32	31	30	29	28	27	26	25	24	23	22	21	20	19	18	17	16	15	14	13	12	11	10	9	8	7	6	5	4	3	2	1	

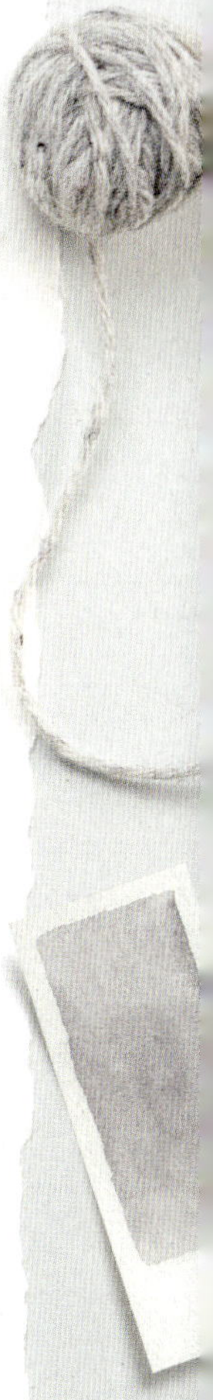

Nadelbäume werden häufig in Plantagen angepflanzt und stehen dann in recht regelmäßigen Reihen. Die Abstände zwischen den Bäumen sind unterschiedlich: Manchmal wachsen sie dicht nebeneinander und konkurrieren um Licht, anderswo sind sie weit voneinander entfernt. Damit das Muster dieses Quadrats leicht nachzustricken ist, sind die Bäume hier in gleichmäßigen Abständen und einem exakten Raster angeordnet.

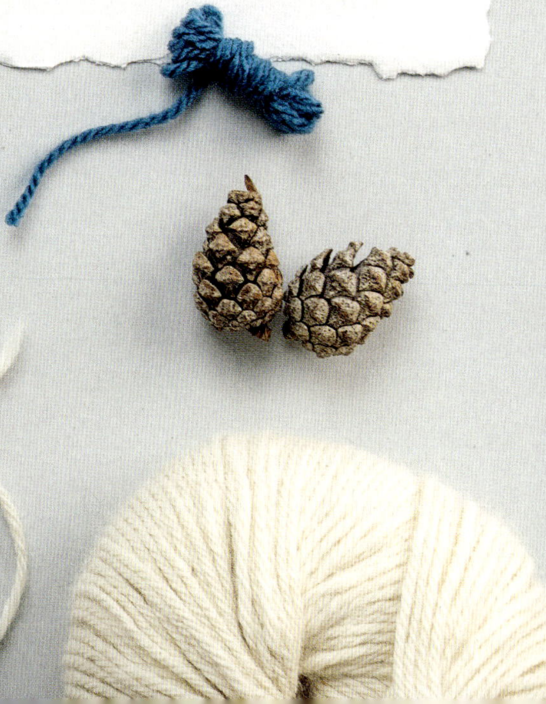

In einem Stück gestrickte Decke

Jede Reihe über die Breite der Decke hinweg so oft wiederholen, wie für die gewünschte Deckengröße erforderlich.

* **1. Reihe**: Re M str bis R-Ende.
2. Reihe: 8 M li, 1 M re, 1 M li, 1 M re, 15 M li, 1 M re, 1 M li, 1 M re, 7 M li.
3. Reihe: 7 M re, 1 M li, 1 M re, 1 M li, 15 M re, 1 M li, 1 M re, 1 M li, 8 M re.
4. Reihe: 8 M li, 8 M re, 10 M li, 8 M re, 2 M li.
5. Reihe: 3 M re, 12 M li, 6 M re, 12 M li, 3 M re.
6. Reihe: 4 M li, 9 M re, 9 M li, 9 M re, 5 M li.
7. Reihe: 6 M re, 6 M li, 12 M re, 6 M li, 6 M re.
8. Reihe: 7 M li, 8 M re, 10 M li, 8 M re, 3 M li.
9. Reihe: 4 M re, 10 M li, 8 M re, 10 M li, 4 M re.
10. Reihe: 5 M li, 7 M re, 11 M li, 7 M re, 6 M li.
11. Reihe: 7 M re, 4 M li, 14 M re, 4 M li, 7 M re.
12. Reihe: 8 M li, 6 M re, 12 M li, 6 M re, 4 M li.
13. Reihe: 5 M re, 8 M li, 10 M re, 8 M li, 5 M re.
14. Reihe: 6 M li, 5 M re, 13 M li, 5 M re, 7 M li.
15. Reihe: 8 M re, 2 M li, 16 M re, 2 M li, 8 M re.
16. Reihe: 9 M li, 4 M re, 14 M li, 4 M re, 5 M li.
17. Reihe: 6 M re, 6 M li, 12 M re, 6 M li, 6 M re.
18. Reihe: 7 M li, 4 M re, 14 M li, 4 M re, 7 M li.
19. Reihe: 8 M re, 2 M li, 16 M re, 2 M li, 8 M re.
20. Reihe: 9 M li, 3 M re, 15 M li, 3 M re, 6 M li.
21. Reihe: 7 M re, 4 M li, 14 M re, 4 M li, 7 M re.
22. Reihe: 8 M li, 2 M re, 16 M li, 2 M re, 8 M li.
23. Reihe: 8 M re, 1 M li, 17 M re, 1 M li, 9 M re.
24. Reihe: 9 M li, 1 M re, 17 M li, 1 M re, 8 M li.
25. Reihe: Re M str bis R-Ende.
26. Reihe: 3 M li, 3 x [1 M re, 1 M li, 1 M re, 6 M li], 1 M re, 1 M li, 1 M re, 3 M li.
27. Reihe: 3 M re, 3 x [1 M li, 1 M re, 1 M li, 6 M re], 1 M li, 1 M re, 1 M li, 3 M re.
28. Reihe: 1 M li, 3 x [7 M re, 2 M li], 7 M re, 1 M li.
29. Reihe: 2 M re, 3 x [5 M li, 4 M re], 5 M li, 2 M re.
30. Reihe: 3 M li, 3 x [3 M re, 6 M li], 3 M re, 3 M li.
31. und 32. Reihe: Die 29. und 30. R wdh.
33. Reihe: 4 M re, 3 x [1 M li, 8 M re], 1 M li, 4 M re.
34. Reihe: 3 M li, 3 x [3 M re, 6 M li], 3 M re, 3 M li.
35. Reihe: 4 M re, 3 x [1 M li, 8 M re], 1 M li, 4 M re.
36. Reihe: 4 M li, 3 x [1 M re, 8 M li], 1 M re, 4 M li.
37. Reihe: Re M str bis R-Ende.
38. Reihe: 4 x [1 M li, 1 M re, 6 M li, 1 M re].
39. Reihe: 4 x [1 M li, 6 M re, 1 M li, 1 M re].
40. Reihe: 4 M re, 3 x [2 M li, 7 M re], 2 M li, 3 M re.
41. Reihe: 2 M li, 3 x [4 M re, 5 M li], 4 M re, 3 M li.
42. Reihe: 2 M re, 3 x [6 M li, 3 M re], 6 M li, 1 M re.
43. und 44. Reihe: Die 41. und 42. R wdh.
45. Reihe: 4 x [8 M re, 1 M li].
46. Reihe: 2 M re, 3 x [6 M li, 3 M re], 6 M li, 1 M re.
47. Reihe: 4 x [8 M re, 1 M li].
48. Reihe: 4 x [1 M re, 8 M li]. **

Einzelne Quadrate

36 M anschl.
Von * bis ** str.
49. Reihe: Re M str bis R-Ende.
Alle M li abk.

	1	2	3	4	5	6	7	8	9	10	11	12	13	14	15	16	17	18	19	20	21	22	23	24	25	26	27	28	29	30	31	32	33	34	35	36	
48	x				8					x				8					x				8					x				8					48
47	x				8					x				8					x				8					x				8					47
46	x	x			6				x	x	x			6				x	x	x			6				x	x	x			6				x	46
45	x				8					x				8					x				8					x				8					45
44	x	x			6				x	x	x			6				x	x	x			6				x	x	x			6				x	44
43	x	x	x		4			x	x	5	x	x		4			x	x	5	x	x		4			x	x	5	x	x		4			x	x	43
42	x	x			6				x	x	x			6				x	x	x			6				x	x	x			6				x	42
41	x	x	x		4			x	x	5	x	x		4			x	x	5	x	x		4			x	x	5	x	x		4			x	x	41
40	x	4	x	x			x	x	x	7	x	x	x			x	x	x	7	x	x	x			x	x	x	7	x	x	x			x	x	x	40
39		x			6				x		x			6				x		x			6				x		x			6				x	39
38		x			6				x		x			6				x		x			6				x		x			6				x	38
37																																					37
36		4			x				8					x				8					x				8					x			4		36
35		4			x				8					x				8					x				8					x			4		35
34				x	x	x			6				x	x	x			6				x	x	x			6				x	x	x				34
33		4			x				8					x				8					x				8					x			4		33
32				x	x	x			6				x	x	x			6				x	x	x			6				x	x	x				32
31			x	x	5	x	x		4			x	x	5	x	x		4			x	x	5	x	x		4			x	x	5	x	x			31
30				x	x	x			6				x	x	x			6				x	x	x			6				x	x	x				30
29			x	x	5	x	x		4			x	x	5	x	x		4			x	x	5	x	x		4			x	x	5	x	x			29
28		x	x	x	7	x	x	x			x	x	x	7	x	x	x			x	x	x	7	x	x	x			x	x	x	7	x	x	x		28
27				x		x			6				x		x			6				x		x			6				x		x				27
26				x		x			6				x		x			6				x		x			6				x		x				26
25																																					25
24		9								x									17									x							8		24
23		9								x									17									x							8		23
22		8							x	x									16								x	x							8		22
21		7						x	x	4	x								14							x	x	4	x						7		21
20		9								x	x	x							15									x	x	x					6		20
19		8							x	x									16								x	x							8		19
18		7						x	x	4	x								14							x	x	4	x						7		18
17		6					x	x	x	6	x	x							12						x	x	x	6	x	x					6		17
16		9								x	4	x	x						14									x	4	x	x				5		16
15		8							x	x									16								x	x							8		15
14		6					x	x	x	5	x								13						x	x	x	5	x						7		14
13		5				x	x	x	x	8	x	x	x						10					x	x	x	x	8	x	x	x				5		13
12		8							x	6	x	x	x	x					12								x	6	x	x	x	x			4		12
11		7						x	x	4	x								14							x	x	4	x						7		11
10		5				x	x	x	x	7	x	x							11					x	x	x	x	7	x	x					6		10
9		4			x	x	x	x	x	10	x	x	x	x					8				x	x	x	x	x	10	x	x	x	x			4		9
8		7						x	x	8	x	x	x	x	x				10							x	x	8	x	x	x	x	x				8
7		6					x	x	x	6	x	x							12						x	x	x	6	x	x					6		7
6		4			x	x	x	x	x	9	x	x	x						9				x	x	x	x	x	9	x	x	x				5		6
5				x	x	x	x	x	x	12	x	x	x	x	x				6			x	x	x	x	x	x	12	x	x	x	x	x				5
4		8							x	8	x	x	x	x	x	x			10								x	8	x	x	x	x	x	x			4
3		8							x		x								15								x		x						7		3
2		8							x		x								15								x		x						7		2
1																																					1
	36	35	34	33	32	31	30	29	28	27	26	25	24	23	22	21	20	19	18	17	16	15	14	13	12	11	10	9	8	7	6	5	4	3	2	1	

Vielleicht wollen Sie für eine kleinere Babydecke die beiden Nadelbaum-Muster in einem Quadrat vereinigen. Dieses Motiv stellt eine fertige Kombination aus den vorangegangenen Mustern dar.

In einem Stück gestrickte Decke

Jede Reihe über die Breite der Decke hinweg so oft wiederholen, wie für die gewünschte Deckengröße erforderlich.

* 1. Reihe: Re M str bis R-Ende.

2. Reihe: 5 M li, 8 M re, 10 M li, 8 M re, 5 M li.

3. Reihe: 2 M re, 14 M li, 4 M re, 14 M li, 2 M re.

4. Reihe: 2 x [1 M li, 17 M re].

5. Reihe: 2 x [1 M re, 17 M li].

6. Reihe: 2 M li, 14 M re, 4 M li, 14 M re, 2 M li.

7. Reihe: 3 M re, 12 M li, 6 M re, 12 M li, 3 M re.

8. Reihe: 4 M li, 10 M re, 8 M li, 10 M re, 4 M li.

9. Reihe: 5 M re, 8 M li, 10 M re, 8 M li, 5 M re.

10. Reihe: 6 M li, 6 M re, 12 M li, 6 M re, 6 M li.

11. Reihe: 7 M re, 4 M li, 14 M re, 4 M li, 7 M re.

12. Reihe: 8 M li, 2 M re, 16 M li, 2 M re, 8 M li.

13. Reihe: Re M str bis R-Ende.

14. Reihe: 4 M re, 10 M li, 2 M re, 1 M li, 5 M re, 10 M li, 2 M re, 1 M li, 1 M re.

15. Reihe: 2 M li, 1 M re, 4 M li, 4 M re, 9 M li, 1 M re, 4 M li, 4 M re, 7 M li.

16. Reihe: 14 M re, 1 M li, 17 M re, 1 M li, 3 M re.

17. Reihe: 4 M li, 1 M re, 17 M li, 1 M re, 13 M li.

18. Reihe: 12 M re, 4 M li, 14 M re, 4 M li, 2 M re.

19. Reihe: 1 M li, 6 M re, 12 M li, 6 M re, 11 M li.

20. Reihe: 2 x [10 M re, 8 M li].

21. Reihe: 9 M re, 8 M li, 10 M re, 8 M li, 1 M re.

22. Reihe: 2 M li, 6 M re, 12 M li, 6 M re, 10 M li.

23. Reihe: 11 M re, 4 M li, 14 M re, 4 M li, 3 M re.

24. Reihe: 4 M li, 2 M re, 16 M li, 2 M re, 12 M li.

25. Reihe: Re M str bis R-Ende.

26. Reihe: 2 x [10 M li, 8 M re].

27. Reihe: 11 M li, 4 M re, 14 M li, 4 M re, 3 M li.

28. Reihe: 5 M re, 1 M li, 17 M re, 1 M li, 12 M re.

29. Reihe: 13 M li, 1 M re, 17 M li, 1 M re, 4 M li.

30. Reihe: 3 M re, 4 M li, 14 M re, 4 M li, 11 M re.

31. Reihe: 10 M li, 6 M re, 12 M li, 6 M re, 2 M li.

32. Reihe: 1 M re, 8 M li, 10 M re, 8 M li, 9 M re.

33. Reihe: 2 x [8 M li, 10 M re].

34. Reihe: 11 M li, 6 M re, 12 M li, 6 M re, 1 M li.

35. Reihe: 2 M re, 4 M li, 14 M re, 4 M li, 12 M re.

36. Reihe: 13 M li, 2 M re, 16 M li, 2 M re, 3 M li.

37. Reihe: Re M str bis R-Ende.

38. Reihe: 1 M li, 8 M re, 10 M li, 8 M re, 9 M li.

39. Reihe: 2 M li, 4 M re, 1 M li, 1 M re, 12 M li, 4 M re, 1 M li, 1 M re, 10 M li.

40. Reihe: 9 M re, 1 M li, 17 M re, 1 M li, 8 M re.

41. Reihe: 9 M li, 1 M re, 17 M li, 1 M re, 8 M li.

42. Reihe: 7 M re, 4 M li, 14 M re, 4 M li, 7 M re.

43. Reihe: 6 M li, 6 M re, 12 M li, 6 M re, 6 M li.

44. Reihe: 5 M re, 8 M li, 10 M re, 8 M li, 5 M re.

45. Reihe: 4 M li, 10 M re, 8 M li, 10 M re, 4 M li.

46. Reihe: 3 M re, 12 M li, 6 M re, 12 M li, 3 M re.

47. Reihe: 2 M li, 14 M re, 4 M li, 14 M re, 2 M li.

48. Reihe: 1 M re, 16 M li, 2 M re, 16 M li, 1 M re. ******

Einzelne Quadrate

36 M anschl.

Von * bis ** str.

49. Reihe: Re M str bis R-Ende.

Alle M li abk.

Hügel sind weniger dramatisch als Berge – eher kuppelförmig und flach in der Form. Diese horizontale Orientierung der Struktur lässt sich durch ein glatt linkes Gestrick wie in diesem Quadrat am besten als plastisches Rapportmuster darstellen.

37 / Berge

In einem Stück gestrickte Decke

Jede Reihe über die Breite der Decke hinweg so oft wiederholen, wie für die gewünschte Deckengröße erforderlich.

* 1. Reihe: Re M str bis R-Ende.

2. Reihe: 4 M li, 5 M re, 13 M li, 5 M re, 1 M li, 5 M re, 3 M li.

3. Reihe: 1 M re, 6 M li, 3 M re, 6 M li, 12 M re, 6 M li, 2 M re.

4. Reihe: 7 M re, 11 M li, 7 M re, 5 M li, 6 M re.

5. Reihe: 5 M li, 7 M re, 7 M li, 11 M re, 6 M li.

6. Reihe: 5 M re, 11 M li, 7 M re, 9 M li, 4 M re.

7. Reihe: 3 M li, 10 M re, 7 M li, 11 M re, 5 M li.

8. Reihe: 4 M re, 11 M li, 7 M re, 11 M li, 3 M re.

9. Reihe: 2 M li, 1 M re, 1 M li, 10 M re, 6 M li, 1 M re, 1 M li, 10 M re, 4 M li.

10. Reihe: 4 M re, 10 M li, 1 M re, 1 M li, 6 M re, 10 M li, 1 M re, 1 M li, 2 M re.

11. Reihe: 1 M li, 3 M re, 1 M li, 10 M re, 4 M li, 3 M re, 1 M li, 10 M re, 3 M li.

12. Reihe: 3 M re, 9 M li, 1 M re, 4 M li, 4 M re, 9 M li, 1 M re, 4 M li, 1 M re.

13. Reihe: 2 x [5 M re, 1 M li, 9 M re, 3 M li].

14. Reihe: 2 x [3 M re, 8 M li, 1 M re, 6 M li].

15. Reihe: 1 M li, 5 M re, 2 M li, 7 M re, 4 M li, 5 M re, 2 M li, 7 M re, 3 M li.

16. Reihe: 2 x [1 M li, 3 M re, 6 M li, 3 M re, 4 M li, 1 M re].

17. Reihe: 1 M re, 1 M li, 3 M re, 4 M li, 5 M re, 3 M li, 2 M re, 1 M li, 3 M re, 4 M li, 5 M re, 3 M li, 1 M re.

18. Reihe: 2 M li, 2 M re, 5 M li, 1 M re, 1 M li, 3 M re, 2 M li, 1 M re, 3 M li, 2 M re, 5 M li, 1 M re, 1 M li, 3 M re, 2 M li, 1 M re, 1 M li.

19. Reihe: 2 M re, 1 M li, 1 M re, 2 M li, 3 M re, 1 M li, 4 M re, 2 M li, 4 M re, 1 M li, 1 M re, 2 M li, 3 M re, 1 M li, 4 M re, 2 M li, 2 M re.

20. Reihe: 3 M li, 2 M re, 3 M li, 1 M re, 4 M li, 1 M re, 1 M li, 1 M re, 5 M li, 2 M re, 3 M li, 1 M re, 4 M li, 1 M re, 1 M li, 1 M re, 2 M li.

21. Reihe: 3 M re, 1 M li, 6 M re, 1 M li, 2 M re, 2 M li, 2 x [6 M re, 1 M li], 2 M re, 1 M li, 3 M re.

22. Reihe: 4 M li, 1 M re, 2 M li, 1 M re, 14 M li, 1 M re, 2 M li, 1 M re, 10 M li.

23. Reihe: 11 M re, 1 M li, 1 M re, 1 M li, 15 M re, 1 M li, 1 M re, 1 M li, 4 M re.

24. Reihe: 5 M li, 1 M re, 17 M li, 1 M re, 12 M li.

25. Reihe: Re M str bis R-Ende.

26. Reihe: 9 M li, 5 M re, 1 M li, 5 M re, 7 M li, 5 M re, 4 M li.

27. Reihe: 5 M re, 2 x [6 M li, 3 M re], 6 M li, 7 M re.

28. Reihe: 5 M li, 7 M re, 5 M li, 13 M re, 6 M li.

29. Reihe: 7 M re, 11 M li, 7 M re, 7 M li, 4 M re.

30. Reihe: 3 M li, 7 M re, 9 M li, 9 M re, 8 M li.

31. Reihe: 8 M re, 8 M li, 10 M re, 7 M li, 3 M re.

32. Reihe: 2 M li, 7 M re, 11 M li, 7 M re, 9 M li.

33. Reihe: 9 M re, 6 M li, 1 M re, 1 M li, 10 M re, 6 M li, 1 M re, 1 M li, 1 M re.

34. Reihe: 1 M li, 1 M re, 1 M li, 6 M re, 10 M li, 1 M re, 1 M li, 6 M re, 9 M li.

35. Reihe: 2 x [10 M re, 4 M li, 3 M re, 1 M li].

36. Reihe: 2 x [4 M li, 4 M re, 9 M li, 1 M re].

37. Reihe: 2 x [1 M li, 9 M re, 3 M li, 5 M re].

38. Reihe: 5 M li, 3 M re, 8 M li, 1 M re, 6 M li, 3 M re, 8 M li, 1 M re, 1 M li.

39. Reihe: 1 M re, 2 M li, 7 M re, 4 M li, 5 M re, 2 M li, 7 M re, 4 M li, 4 M re.

40. Reihe: 2 x [4 M li, 1 M re, 1 M li, 3 M re, 6 M li, 3 M re].

41. Reihe: 2 x [4 M li, 5 M re, 3 M li, 2 M re, 1 M li, 3 M re].

42. Reihe: 1 M re, 2 M li, 1 M re, 3 M li, 2 M re, 5 M li, 1 M re, 1 M li, 3 M re, 2 M li, 1 M re, 3 M li, 2 M re, 5 M li, 1 M re, 1 M li, 2 M re.

43. Reihe: 1 M li, 3 M re, 1 M li, 4 M re, 2 M li, 4 M re, 1 M li, 1 M re, 2 M li, 3 M re, 1 M li, 4 M re, 2 M li, 4 M re, 1 M li, 1 M re, 1 M li.

44. Reihe: 2 x [1 M re, 1 M li, 1 M re, 5 M li, 2 M re, 3 M li, 1 M re, 4 M li].

45. Reihe: 5 M re, 1 M li, 2 M re, 2 M li, 2 x [6 M re, 1 M li], 2 M re, 2 M li, 6 M re, 1 M li, 1 M re.

46. Reihe: 9 M li, 1 M re, 2 M li, 1 M re, 14 M li, 1 M re, 2 M li, 1 M re, 5 M li.

47. Reihe: 6 M re, 1 M li, 1 M re, 1 M li, 15 M re, 1 M li, 1 M re, 1 M li, 9 M re.

48. Reihe: 10 M li, 1 M re, 17 M li, 1 M re, 7 M li. **

Einzelne Quadrate

36 M anschl.
Von * bis ** str.
49. Reihe: Re M str bis R-Ende.
Alle M li abk.

Berge wirken deutlich dramatischer als die Vorgebirge auf Seite 76/77 und sind oft schneebedeckt, deshalb passt ein glatt rechtes Reliefgestrick besser zu diesem Motiv. Der markante Schattenwurf eines Bergmassivs ist hier jedoch durch glatt linkes Gestrick wiedergegeben.

#	1	2	3	4	5	6	7	8	9	10	11	12	13	14	15	16	17	18	19	20	21	22	23	24	25	26	27	28	29	30	31	32	33	34	35	36	#
48						10					x									17									x					7			48
47						9				x		x								15								x		x				6			47
46						9				x			x							14								x				x		5			46
45		x				6			x	x			x			6				x				6			x	x				x		5			45
44	x		x			5				x	x			x			4			x		x		5				x	x				x	4			44
43	x		x			4		x	x			4		x				x	x			x		4		x	x			4		x				x	43
42	x			x				x	x			5			x			x	x	x		x		x	x					5			x		x	x	42
41				x			x	x	x			5				x	x	4	x			x		x	x					5			x	x	4	x	41
40		4				x		x	x	x		6				x	x	x			4		x		x	x	x			6				x	x	x	40
39		4				x	x		4	x		7				x	x				5		x	x	4	x				7				x	x		39
38		5					x	x	x			8					x				6		x	x	x					8					x		38
37		5					x	x	x			9				x					5			x	x	x				9						x	37
36		4					x	x	4	x		9					x				4		x	x	4	x				9						x	36
35	x						x	x	4	x		10						x					x	x	4	x				10							35
34		x			x	x	x	6	x	x					10					x			x	x	x	6	x	x						9			34
33		x			x		x	x	6	x	x				10					x			x	x	6	x	x							9			33
32			x	x	x	x	7	x	x						11						x		x	x	7	x	x	x						9			32
31				x	x	x	7	x	x	x					10						x		x	x	8	x	x	x	x					8			31
30				x	x	x	7	x	x	x					9					x	x		x	x	9	x	x	x	x					8			30
29		4				x		x	7	x	x	x			7					x	x		x	x	11	x	x	x	x					7			29
28		5					x	x	x	7	x	x	x		5				x	x	x	x	x	x	13	x	x	x	x	x				6			28
27		7						x	x	x	6	x	x				x	x	6	x	x	x				x	x	x	6	x	x			5			27
26		9								x	x	5	x	x			x	x	5	x	x			7					x	x	5	x	x	4			26
25																																					25
24		5					x								17									x						12							24
23		4							x						15								x		x					11							23
22		4					x				x				14								x			x				10							22
21				x	x						6					x				6			x	x			x			6				x			21
20				x	x				x			4			x			x		5			x	x			x			4		x			x		20
19			x	x				4		x				x	x		x			4		x	x		4		x					x	x	x			19
18			x	x				5				x			x	x	x			x	x				5			x			x	x	x		x		18
17		x	x	x				5				x	x	4	x				x			x	x		5			x	x	4	x				x		17
16		x	x	x				6					x	x			4		x			x	x		6			x	x	x				4	x	x	16
15	x	x	x					7					x	x			5		x	x	4	x			7			x	x					5	x		15
14	x	x	x					8					x				6		x	x	x				8									6			14
13	x	x	x					9				x					5		x	x	x				9					x				5			13
12	x	x	x					9				x					4		x	x	4				9					x				4		x	12
11	x	x	x					10						x					x	x	4				10							x				x	11
10	x	4	x	x							10					x			x	x	6	x	x				10					x			x	x	10
9	x	4	x	x							10					x			x	x	6	x	x				10					x			x		9
8	x	4	x	x							11							x	x	x	7	x	x				11						x	x	x		8
7	x	5	x	x	x						11							x	x	7	x	x	x				10						x	x	x		7
6	x	5	x	x	x						11							x	x	7	x	x	x				9					x	x	4	x		6
5	x	6	x	x	x	x					11								x	7	x	x	x	x			7				x	x	5	x			5
4	x	7	x	x	x	x	x				11							x	x	x	7	x	x	x			5				x	x	6	x	x	x	4
3			x	x	x	6	x	x				12								x	x	x	6	x	x				x	x	6	x	x				3
2		4					x	x	5	x	x	13									x	x	5	x	x				x	x	5	x	x				2
1																																					1
#	36	35	34	33	32	31	30	29	28	27	26	25	24	23	22	21	20	19	18	17	16	15	14	13	12	11	10	9	8	7	6	5	4	3	2	1	#

In einem Stück gestrickte Decke

Jede Reihe über die Breite der Decke hinweg so oft wiederholen, wie für die gewünschte Decken- größe erforderlich.

* **1. Reihe**: Re M str bis R-Ende.

2. Reihe: 5 M li, 8 M re, 10 M li, 8 M re, 5 M li.

3. Reihe: 2 M re, 14 M li, 4 M re, 14 M li, 2 M re.

4. Reihe: 2 x [1 M li, 17 M re].

5. Reihe: 2 x [1 M re, 17 M li].

6. Reihe: 2 M li, 14 M re, 4 M li, 14 M re, 2 M li.

7. Reihe: 3 M re, 12 M li, 6 M re, 12 M li, 3 M re.

8. Reihe: 4 M li, 10 M re, 8 M li, 10 M re, 4 M li.

9. Reihe: 5 M re, 8 M li, 10 M re, 8 M li, 5 M re.

10. Reihe: 6 M li, 6 M re, 12 M li, 6 M re, 6 M li.

11. Reihe: 7 M re, 4 M li, 14 M re, 4 M li, 7 M re.

12. Reihe: 8 M li, 2 M re, 16 M li, 2 M re, 8 M li.

13. Reihe: Re M str bis R-Ende.

14. Reihe: 4 M re, 10 M li, 8 M re, 10 M li, 4 M re.

15. Reihe: 7 M li, 4 M re, 14 M li, 4 M re, 7 M li.

16. Reihe: 9 M re, 1 M li, 17 M re, 1 M li, 8 M re.

17. Reihe: 9 M li, 1 M re, 17 M li, 1 M re, 8 M li.

18. Reihe: 7 M li, 4 M re, 14 M li, 4 M re, 7 M re.

19. Reihe: 6 M li, 6 M re, 12 M li, 6 M re, 6 M li.

20. Reihe: 5 M re, 8 M li, 10 M re, 8 M li, 5 M re.

21. Reihe: 4 M li, 10 M re, 8 M li, 10 M re, 4 M li.

22. Reihe: 3 M re, 12 M li, 6 M re, 12 M li, 3 M re.

23. Reihe: 2 M li, 14 M re, 4 M li, 14 M re, 2 M li.

24. Reihe: 1 M re, 16 M li, 2 M re, 16 M li, 1 M re.

25. Reihe: Re M str bis R-Ende.

26. Reihe: 4 M li, 5 M re, 13 M li, 5 M re, 1 M li, 5 M re, 3 M li.

27. Reihe: 1 M re, 6 M li, 3 M re, 6 M li, 12 M re, 6 M li, 2 M re.

28. Reihe: 7 M re, 11 M li, 7 M re, 5 M li, 6 M re.

29. Reihe: 5 M li, 7 M re, 7 M li, 11 M re, 6 M li.

30. Reihe: 5 M re, 11 M li, 7 M re, 9 M li, 4 M re.

31. Reihe: 3 M li, 10 M re, 7 M li, 11 M re, 5 M li.

32. Reihe: 4 M re, 11 M li, 7 M re, 11 M li, 3 M re.

33. Reihe: 2 M li, 1 M re, 1 M li, 10 M re, 6 M li, 1 M re, 1 M li, 10 M re, 4 M li.

34. Reihe: 4 M re, 10 M li, 1 M re, 1 M li, 6 M re, 10 M li, 1 M re, 1 M li, 2 M re.

35. Reihe: 1 M li, 3 M re, 1 M li, 10 M re, 4 M li, 3 M re, 1 M li, 10 M re, 3 M li.

36. Reihe: 3 M re, 9 M li, 1 M re, 4 M li, 4 M re, 9 M li, 1 M re, 4 M li, 1 M re.

37. Reihe: 2 x [5 M re, 1 M li, 9 M re, 3 M li].

38. Reihe: 2 x [3 M re, 8 M li, 1 M re, 6 M li].

39. Reihe: 1 M li, 5 M re, 2 M li, 7 M re, 4 M li, 5 M re, 2 M li, 7 M re, 3 M li.

40. Reihe: 2 x [1 M li, 3 M re, 6 M li, 3 re, 4 M li, 1 M re].

41. Reihe: 1 M re, 1 M li, 3 M re, 4 M li, 5 M re, 3 M li, 2 M re, 1 M li, 3 M re, 4 M li, 5 M re, 3 M li, 1 M re.

42. Reihe: 2 M li, 2 M re, 5 M li, 1 M re, 1 M li, 3 M re, 2 M li, 1 M re, 3 M li, 2 M re, 5 M li, 1 M re, 1 M li, 3 M re, 2 M li, 1 M re, 1 M li.

43. Reihe: 2 M re, 1 M li, 1 M re, 2 M li, 3 M re, 1 M li, 4 M re, 2 M li, 4 M re, 1 M li, 1 M re, 2 M li, 3 M re, 1 M li, 4 M re, 2 M li, 2 M re.

44. Reihe: 3 M li, 2 M re, 3 M li, 1 M re, 4 M li, 1 M re, 1 M li, 1 M re, 5 M li, 2 M re, 3 M li, 1 M re, 4 M li, 1 M re, 1 M li, 1 M re, 2 M li.

45. Reihe: 3 M re, 1 M li, 6 M re, 1 M li, 2 M re, 2 M li, 2 x [6 M re, 1 M li], 2 M re, 2 M li, 3 M re.

46. Reihe: 4 M li, 1 M re, 2 M li, 1 M re, 14 M li, 1 M re, 2 M li, 1 M re, 10 M li.

47. Reihe: 11 M re, 1 M li, 1 M re, 1 M li, 15 M re, 1 M li, 1 M re, 1 M li, 4 M re.

48. Reihe: 5 M li, 1 M re, 17 M li, 1 M re, 12 M li. **

Einzelne Quadrate

36 M anschl.
Von * bis ** str.
49. Reihe: Re M str bis R-Ende.
Alle M li abk.

	1	2	3	4	5	6	7	8	9	10	11	12	13	14	15	16	17	18	19	20	21	22	23	24	25	26	27	28	29	30	31	32	33	34	35	36	
48		5				x									17									x					12								48
47		4			x		x								15								x		x				11								47
46		4			x			x							14								x			x			10								46
45				x	x			x			6				x				6			x	x			x			6				x				45
44				x	x				x		4			x		x			5			x	x				x		4			x		x			44
43			x	x			4		x				x	x		x			4		x	x			4		x				x	x		x			43
42			x	x			5			x		x	x	x			x				x	x			5			x		x	x	x			x		42
41		x	x	x			5			x	x	4	x				x			x	x	x			5			x	x	4	x				x		41
40		x	x	x			6				x	x	x			4		x		x	x	x			6				x	x	x			4		x	40
39	x	x	x				7				x	x				5		x	x	4	x				7				x	x				5		x	39
38	x	x	x				8					x				6			x	x	x				8					x				6			38
37	x	x	x				9						x			5			x	x	x				9						x			5			37
36	x	x	x				9						x			4		x	x	4	x				9						x			4		x	36
35	x	x	x				10							x				x	x	4	x				10							x				x	35
34	x	4	x	x							10				x		x	x	x	6	x	x						10					x		x	x	34
33	x	4	x	x							10				x		x	x	x	6	x	x						10					x		x	x	33
32	x	4	x	x							11					x	x	x	x	7	x	x						11						x	x	x	32
31	x	5	x	x	x						11						x	x	x	7	x	x	x					10						x	x	x	31
30	x	5	x	x	x						11						x	x	x	7	x	x	x					9					x	x	4	x	30
29	x	6	x	x	x	x					11							x	x	7	x	x	x	x				7				x	x	5	x	x	29
28	x	7	x	x	x	x	x				11								x	x	x	7	x	x	x			5			x	x	6	x	x	x	28
27			x	x	x	6	x	x			12										x	x	x	6	x	x				x	x	6	x	x	x		27
26		4			x	x	5	x	x		13												x	x	5	x	x		x	x	5	x	x				26
25																																					25
24	x									16								x	x									16								x	24
23	x	x								14							x	4	x	x								14							x	x	23
22	x	x	x							12						x	x	6	x	x	x							12						x	x	x	22
21	x	4	x	x						10					x	x	x	8	x	x	x	x						10					x	x	4	x	21
20	x	5	x	x	x					8				x	x	x	x	10	x	x	x	x	x					8				x	x	x	5	x	20
19	x	6	x	x	x	x				6			x	x	x	x	x	12	x	x	x	x	x	x				6			x	x	x	x	6	x	19
18	x	7	x	x	x	x	x			4		x	x	x	x	x	x	14	x	x	x	x	x	x	x			4		x	x	x	x	x	7	x	18
17	x	8	x	x	x	x	x	x		x	x	x	x	x	x	x	x	17	x	x	x	x	x	x	x	x		x	x	x	x	x	x	x	9	x	17
16	x	9	x	x	x	x	x	x	x		x	x	x	x	x	x	x	17	x	x	x	x	x	x	x	x	x		x	x	x	x	x	x	8	x	16
15	x	7	x	x	x	x	x			4		x	x	x	x	x	x	14	x	x	x	x	x	x	x			4		x	x	x	x	x	7	x	15
14	x	4	x	x						10					x	x	x	8	x	x	x	x						10					x	x	4	x	14
13																																					13
12		8							x	x									16								x	x							8		12
11		7						x	4	x	x								14							x	4	x	x						7		11
10		6					x	x	6	x	x	x							12						x	x	6	x	x	x					6		10
9		5				x	x	x	8	x	x	x	x						10					x	x	x	8	x	x	x	x				5		9
8		4			x	x	x	x	10	x	x	x	x	x					8				x	x	x	x	10	x	x	x	x	x			4		8
7				x	x	x	x	x	12	x	x	x	x	x	x				6			x	x	x	x	x	12	x	x	x	x	x	x				7
6			x	x	x	x	x	x	14	x	x	x	x	x	x	x			4		x	x	x	x	x	x	14	x	x	x	x	x	x	x			6
5	x	x	x	x	x	x	x	x	17	x	x	x	x	x	x	x	x		x	x	x	x	x	x	x	x	17	x	x	x	x	x	x	x	x		5
4		x	x	x	x	x	x	x	17	x	x	x	x	x	x	x	x	x		x	x	x	x	x	x	x	17	x	x	x	x	x	x	x	x	x	4
3			x	x	x	x	x	x	14	x	x	x	x	x	x	x			4		x	x	x	x	x	x	14	x	x	x	x	x	x	x			3
2			5			x	x	x	8	x	x	x	x						10					x	x	x	8	x	x	x	x			5			2
1																																					1
	36	35	34	33	32	31	30	29	28	27	26	25	24	23	22	21	20	19	18	17	16	15	14	13	12	11	10	9	8	7	6	5	4	3	2	1	

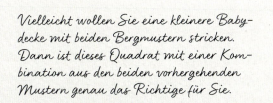

Vielleicht wollen Sie eine kleinere Babydecke mit beiden Bergmustern stricken. Dann ist dieses Quadrat mit einer Kombination aus den beiden vorhergehenden Mustern genau das Richtige für Sie.

Wetter

Beim oberen Teil der Decke angekommen, blicken wir zum Himmel hinauf. Wenn man nicht gerade in sonnigen, warmen Klimazonen lebt, ist der Himmel ein sich ständig wandelnder Teil der Landschaft. Wolken türmen sich zu Formen, die sich mit viel Fantasie als Tiere oder Gegenstände deuten lassen. Manche Wolken bringen **Regen**. Das gleichnamige Muster zeigt einen typischen Schnürlregen, wie man ihn nicht nur in Salzburg kennt.

Die Bezeichnungen für Wolken gehen auf das Buch „Essay on the Modifications of Clouds" (dt. etwa: Abhandlung über die verschiedenen Wolkenformen) aus dem Jahr 1803 zurück. Die Wolken werden je nach der Höhe, in der sie auftreten, in Gruppen aufgeteilt, und die Namen setzen sich aus Präfixen und Suffixen zusammen. Die Wolken, aus denen der im Musterquadrat dargestellten Regen fällt, heißen Nimbus oder Nimbo, was auf Lateinisch „Regenwolke" bedeutet. Die Muster **Niedrige Gewitterwolken** und **Hohe Gewitterwolken** zeigen Nimbostratus-Wolken, wobei der Wortbestandteil „stratus" eher eine ausgedehnte Wolkenschicht bedeutet, während sich die dramatischeren Cumulonimbus-Gewitterwolken hoch auftürmen. Nimbostratus-Wolken bedeuten, dass es voraussichtlich eine ganze Weile regnen wird. Das Muster **Kombinierte Gewitterwolken** fasst beide Muster für eine kleinere Decke zusammen.

An sonnigen Tagen können die Wolken die klassische Cumulus-Form annehmen. „Cumulus" ist das lateinische Wort für „Haufen". Diese Wolken sind an der Unterseite flach und türmen sich auf, wenn die Luft weiter aufsteigt. Die Muster **Kleine Schönwetterwolken** und **Große Schönwetterwolken** stellen Kumuluswolken in zwei Größen dar. Das Quadrat **Kombinierte Schönwetterwolken** vereinigt beide Wolkengrößen in einem Quadrat.

Die Muster **Kleine Winterwolken**, **Mittelgroße Winterwolken** und **Große Winterwolken** sind eine einfache Abwandlung, sodass aus Kumulus-Wolken mit flacher Basis Altocumulus-Wolken entstehen (lat. altus = hoch). Diese Wolken werden höher als normale Cumulus-Wolken, was oft durch Instabilitäten in der Atmosphäre verursacht wird. Altocumulus-Wolken können zwar zu jeder Jahreszeit entstehen, aber ich habe sie zur Unterscheidung von den typischen Cumulus-Wolken des Sommers Winterwolken genannt. Das Quadrat **Kombinierte Winterwolken** setzt sich aus den kleinen und mittleren Winterwolken zusammen.

Aufziehende Wolken zeigt eine drohende Gewitterfront am Horizont. Vielleicht genießen Sie gerade einen Tag am Strand, aber wenn sich solche Wolken nähern, sollten Sie Ihr Picknick lieber beenden, Ihre Landschaftsdecke zusammenlegen und nach Hause fahren.

39 / Regen

In einem Stück gestrickte Decke

Jede Reihe über die Breite der Decke hinweg so oft wiederholen, wie für die gewünschte Deckengröße erforderlich. Hinweis: Falls Sie nach dem vorhergehenden Muster die Garnfarbe wechseln, stricken Sie in der 1. Reihe alle Maschen rechts, statt die unten angegebene Musterreihe zu arbeiten, damit eine saubere Verbindung entsteht.

* 1. Reihe: 18 x [1 M re, 1 M li].
2. Reihe: 18 x [1 M re, 1 M li].
3. Reihe: 9 x [1 M re, 3 M li].
4. Reihe: 9 x [3 M re, 1 M li].
5. Reihe: 18 x [1 M re, 1 M li].

6. Reihe: 18 x [1 M re, 1 M li].
7. Reihe: 2 M li, 8 x [1 M re, 3 M li], 1 M re, 1 M li.
8. Reihe: 1 M re, 8 x [1 M li, 3 M re], 1 M li, 2 M re.
9.–48. Reihe: Die 1.–8. R noch 5 x wdh. **

Einzelne Quadrate

36 M anschl.
Von * bis ** str.
Alle M abk.

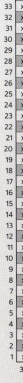

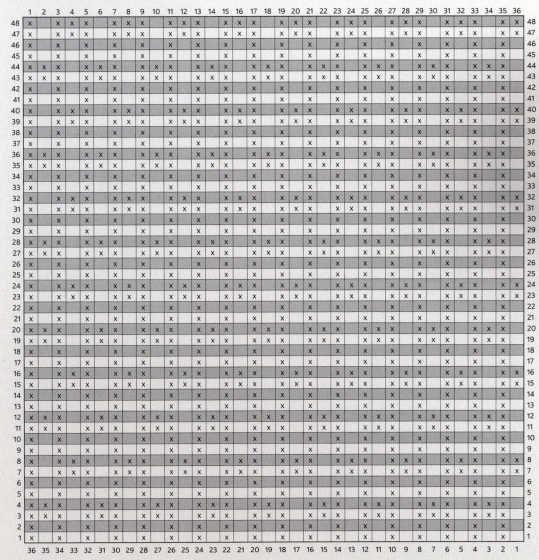

Niedrige Gewitterwolken

An einem trüben oder regnerischen Tag kann der Himmel vollständig von Wolken bedeckt sein, doch ist möglicherweise immer noch eine gewisse Struktur an der Unterseite der Wolken erkennbar. Direkt über dem Horizont erscheinen die Wolken aufgrund der Perspektive schmaler, was hier durch glatt linkes Gestrick wiedergegeben wird.

In einem Stück gestrickte Decke

Jede Reihe über die Breite der Decke hinweg so oft wiederholen, wie für die gewünschte Deckengröße erforderlich.

* **1. und 2. Reihe**: 2 R glatt re str.
3. Reihe: 4 M re, 28 M li, 4 M re.
4. Reihe: 3 M li, 30 M re, 3 M li.
5. Reihe: 2 M re, 32 M li, 2 M re.
6. Reihe: 2 M li, 32 M re, 2 M li.
7. Reihe: 3 M re, 30 M li, 3 M re.
8. Reihe: 5 M li, 5 M re, 2 M li, 12 M re, 2 M li, 5 M re, 5 M li.
9. Reihe: 13 M re, 10 M li, 13 M re.
10. Reihe: 15 M li, 6 M re, 15 M li.
11.–14. Reihe: 4 R glatt re str.
15. Reihe: 23 M li, 8 M re, 5 M li.
16. Reihe: 6 M re, 6 M li, 24 M re.
17. Reihe: 25 M li, 4 M re, 7 M li.
18. Reihe: 7 M re, 4 M li, 25 M re.
19. Reihe: 24 M li, 6 M re, 6 M li.
20. Reihe: 4 M re, 10 M li, 5 M re, 2 M li, 12 M re, 2 M li, 1 M re.
21. Reihe: 4 M re, 10 M li, 22 M re.
22. Reihe: 24 M li, 6 M re, 6 M li.
23.–26. Reihe: 4 R glatt re str.
27. Reihe: 5 M li, 8 M re, 23 M li.
28. Reihe: 24 M re, 6 M li, 6 M re.
29. Reihe: 7 M li, 4 M re, 25 M li.
30. Reihe: 25 M re, 4 M li, 7 M re.
31. Reihe: 6 M li, 6 M re, 24 M li.
32. Reihe: 1 M re, 2 M li, 12 M re, 2 M li, 5 M re, 10 M li, 4 M re.
33. Reihe: 22 M re, 10 M li, 4 M re.
34. Reihe: 6 M li, 6 M re, 24 M li.
35.–38. Reihe: 4 R glatt re str.
39. Reihe: 14 M li, 8 M re, 14 M li.
40. Reihe: 15 M re, 6 M li, 15 M re.
41. Reihe: 16 M li, 4 M re, 16 M li.
42. Reihe: 16 M re, 4 M li, 16 M re.
43. Reihe: 15 M li, 6 M re, 15 M li.
44. Reihe: 6 M re, 2 M li, 5 M re, 10 M li, 5 M re, 2 M li, 6 M re.
45. Reihe: 5 M li, 26 M re, 5 M li.
46. Reihe: 3 M re, 30 M li, 3 M re.
47. und 48. Reihe: 2 R glatt re str. **

Einzelne Quadrate

36 M anschl.
Von * bis ** str.
Alle M abk.

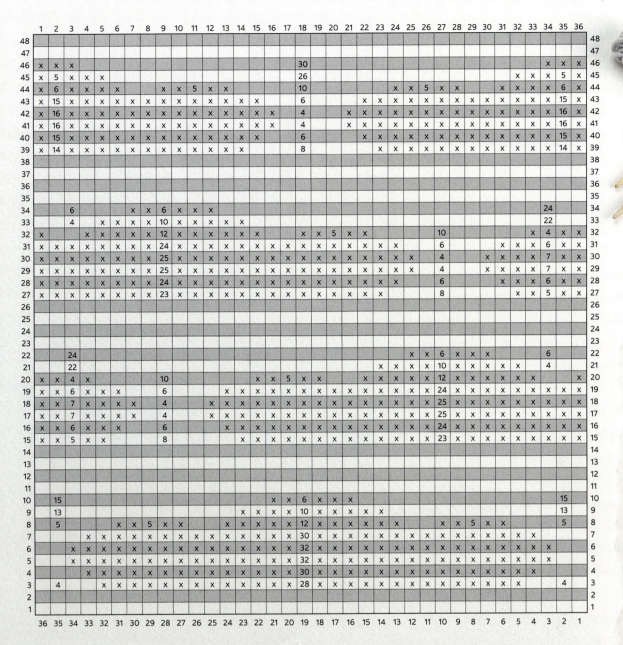

41 / Hohe Gewitterwolken

In einem Stück gestrickte Decke

Jede Reihe über die Breite der Decke hinweg so oft wiederholen, wie für die gewünschte Deckengröße erforderlich.

* 1. und 2. Reihe: 2 R glatt re str.

3. Reihe: 7 M re, 22 M li, 7 M re.

4. Reihe: 5 M li, 26 M re, 5 M li.

5. Reihe: 4 M re, 28 M li, 4 M re.

6. Reihe: 4 M li, 28 M re, 4 M li.

7. Reihe: 3 M re, 30 M li, 3 M re.

8. Reihe: 3 M li, 30 M re, 3 M li.

9. Reihe: 2 M re, 32 M li, 2 M re.

10. Reihe: 2 M li, 32 M re, 2 M li.

11. und 12. Reihe: Die 9. und 10. R wdh.

13. Reihe: 2 M re, 32 M li, 2 M re.

14. Reihe: 3 M li, 30 M re, 3 M li.

15. Reihe: 3 M re, 30 M li, 3 M re.

16. Reihe: 4 M li, 28 M re, 4 M li.

17. Reihe: 5 M re, 5 M li, 2 M re, 12 M li, 2 M re, 5 M li, 5 M re.

18. Reihe: 13 M li, 10 M re, 13 M li.

19. Reihe: 13 M re, 10 M li, 13 M re.

20. Reihe: 15 M li, 6 M re, 15 M li.

21.–26. Reihe: 6 R glatt re str.

27. Reihe: 11 M li, 14 M re, 11 M li.

28. Reihe: 13 M re, 10 M li, 13 M re.

29. Reihe: 14 M li, 8 M re, 14 M li.

30. Reihe: 14 M re, 8 M li, 14 M re.

31. Reihe: 15 M li, 6 M re, 15 M li.

32. Reihe: 15 M re, 6 M li, 15 M re.

33. Reihe: 16 M li, 4 M re, 16 M li.

34. Reihe: 16 M re, 4 M li, 16 M re.

35. und 36. Reihe: Die 33. und 34. R wdh.

37. Reihe: 16 M li, 4 M re, 16 M li.

38. Reihe: 15 M re, 6 M li, 15 M re.

39. Reihe: 15 M li, 6 M re, 15 M li.

40. Reihe: 14 M re, 8 M li, 14 M re.

41. Reihe: 6 M li, 2 M re, 5 M li, 10 M re, 5 M li, 2 M re, 6 M li.

42. Reihe: 5 M re, 26 M li, 5 M re.

43. Reihe: 5 M li, 26 M re, 5 M li.

44. Reihe: 3 M re, 30 M li, 3 M re.

45.–48. Reihe: 4 R glatt re str. **

Einzelne Quadrate

36 M anschl.

Von * bis ** str.

Alle M abk.

Führt man den Blick vom Horizont aus in den Himmel über sich, lässt die Perspektive diese Wolkenunterseiten größer erscheinen als jene unten am Horizont. Das Muster dieses Quadrats ähnelt dem Muster Niedrige Gewitterwolken, doch die Wolkenform türmt sich höher auf.

	1	2	3	4	5	6	7	8	9	10	11	12	13	14	15	16	17	18	19	20	21	22	23	24	25	26	27	28	29	30	31	32	33	34	35	36	
48																																					48
47																																					47
46																																					46
45																																					45
44	x	x	x															30																x	x	x	44
43	x	5	x	x	x													26														x	x	x	5	x	43
42	x	5	x	x	x													26														x	x	x	5	x	42
41	x	6	x	x	x	x			x	x	5	x	x					10						x	x	5	x	x			x	x	x	x	6	x	41
40	x	14	x	x	x	x	x	x	x	x	x	x	x	x				8					x	x	x	x	x	x	x	x	x	x	x	x	14	x	40
39	x	15	x	x	x	x	x	x	x	x	x	x	x	x	x			6				x	x	x	x	x	x	x	x	x	x	x	x	x	15	x	39
38	x	15	x	x	x	x	x	x	x	x	x	x	x	x	x			6				x	x	x	x	x	x	x	x	x	x	x	x	x	15	x	38
37	x	16	x	x	x	x	x	x	x	x	x	x	x	x	x	x		4			x	x	x	x	x	x	x	x	x	x	x	x	x	x	16	x	37
36	x	16	x	x	x	x	x	x	x	x	x	x	x	x	x	x		4			x	x	x	x	x	x	x	x	x	x	x	x	x	x	16	x	36
35	x	16	x	x	x	x	x	x	x	x	x	x	x	x	x	x		4			x	x	x	x	x	x	x	x	x	x	x	x	x	x	16	x	35
34	x	16	x	x	x	x	x	x	x	x	x	x	x	x	x	x		4			x	x	x	x	x	x	x	x	x	x	x	x	x	x	16	x	34
33	x	16	x	x	x	x	x	x	x	x	x	x	x	x	x	x		4			x	x	x	x	x	x	x	x	x	x	x	x	x	x	16	x	33
32	x	15	x	x	x	x	x	x	x	x	x	x	x	x	x			6				x	x	x	x	x	x	x	x	x	x	x	x	x	15	x	32
31	x	15	x	x	x	x	x	x	x	x	x	x	x	x	x			6				x	x	x	x	x	x	x	x	x	x	x	x	x	15	x	31
30	x	14	x	x	x	x	x	x	x	x	x	x	x	x				8					x	x	x	x	x	x	x	x	x	x	x	x	14	x	30
29	x	14	x	x	x	x	x	x	x	x	x	x	x	x				8					x	x	x	x	x	x	x	x	x	x	x	x	14	x	29
28	x	13	x	x	x	x	x	x	x	x	x	x	x					10						x	x	x	x	x	x	x	x	x	x	x	13	x	28
27	x	11	x	x	x	x	x	x	x	x	x							14								x	x	x	x	x	x	x	x	x	11	x	27
26																																					26
25																																					25
24																																					24
23																																					23
22																																					22
21																																					21
20		15														x	x	6	x	x	x														15		20
19		13												x	x	x	x	10	x	x	x	x	x												13		19
18		13												x	x	x	x	10	x	x	x	x	x												13		18
17		5				x	x	5	x	x			x	x	x	x	x	12	x	x	x	x	x	x			x	x	5	x	x				5		17
16		4			x	x	x	x	x	x	x	x	x	x	x	x	x	28	x	x	x	x	x	x	x	x	x	x	x	x	x	x			4		16
15				x	x	x	x	x	x	x	x	x	x	x	x	x	x	30	x	x	x	x	x	x	x	x	x	x	x	x	x	x	x				15
14				x	x	x	x	x	x	x	x	x	x	x	x	x	x	30	x	x	x	x	x	x	x	x	x	x	x	x	x	x	x				14
13			x	x	x	x	x	x	x	x	x	x	x	x	x	x	x	32	x	x	x	x	x	x	x	x	x	x	x	x	x	x	x	x			13
12			x	x	x	x	x	x	x	x	x	x	x	x	x	x	x	32	x	x	x	x	x	x	x	x	x	x	x	x	x	x	x	x			12
11			x	x	x	x	x	x	x	x	x	x	x	x	x	x	x	32	x	x	x	x	x	x	x	x	x	x	x	x	x	x	x	x			11
10			x	x	x	x	x	x	x	x	x	x	x	x	x	x	x	32	x	x	x	x	x	x	x	x	x	x	x	x	x	x	x	x			10
9			x	x	x	x	x	x	x	x	x	x	x	x	x	x	x	32	x	x	x	x	x	x	x	x	x	x	x	x	x	x	x	x			9
8				x	x	x	x	x	x	x	x	x	x	x	x	x	x	30	x	x	x	x	x	x	x	x	x	x	x	x	x	x	x				8
7				x	x	x	x	x	x	x	x	x	x	x	x	x	x	30	x	x	x	x	x	x	x	x	x	x	x	x	x	x	x				7
6		4			x	x	x	x	x	x	x	x	x	x	x	x	x	28	x	x	x	x	x	x	x	x	x	x	x	x	x	x			4		6
5		4			x	x	x	x	x	x	x	x	x	x	x	x	x	28	x	x	x	x	x	x	x	x	x	x	x	x	x	x			4		5
4		5				x	x	x	x	x	x	x	x	x	x	x	x	26	x	x	x	x	x	x	x	x	x	x	x	x	x				5		4
3		7						x	x	x	x	x	x	x	x	x	x	22	x	x	x	x	x	x	x	x	x	x	x						7		3
2																																					2
1																																					1
	36	35	34	33	32	31	30	29	28	27	26	25	24	23	22	21	20	19	18	17	16	15	14	13	12	11	10	9	8	7	6	5	4	3	2	1	

Vielleicht wollen Sie für eine kleinere Babydecke die beiden Gewitterwolken-Muster in einem Quadrat zusammenfassen. Dieses Quadrat ist eine Kombination aus den beiden vorhergehenden Mustern.

In einem Stück gestrickte Decke

Jede Reihe über die Breite der Decke hinweg so oft wiederholen, wie für die gewünschte Deckengröße erforderlich.

* **1. und 2. Reihe:** 2 R glatt re str.

3. Reihe: 4 M re, 28 M li, 4 M re.

4. Reihe: 3 M li, 30 M re, 3 M li.

5. Reihe: 2 M re, 32 M li, 2 M re.

6. Reihe: 2 M li, 32 M re, 2 M li.

7. Reihe: 3 M re, 30 M li, 3 M re.

8. Reihe: 5 M li, 5 M re, 2 M li, 12 M re, 2 M li, 5 M re, 5 M li.

9. Reihe: 13 M re, 10 M li, 13 M re.

10. Reihe: 15 M li, 6 M re, 15 M li.

11.–14. Reihe: 4 R glatt re str.

15. Reihe: 14 M li, 8 M re, 14 M li.

16. Reihe: 15 M re, 6 M li, 15 M re.

17. Reihe: 16 M li, 4 M re, 16 M li.

18. Reihe: 16 M re, 4 M li, 16 M re.

19. Reihe: 15 M li, 6 M re, 15 M li.

20. Reihe: 6 M re, 2 M li, 5 M re, 10 M li, 5 M re, 2 M li, 6 M re.

21. Reihe: 5 M li, 26 M re, 5 M li.

22. Reihe: 3 M re, 30 M li, 3 M re.

23.–26. Reihe: 4 R glatt re str.

27. Reihe: 7 M re, 22 M li, 7 M re.

28. Reihe: 5 M li, 26 M re, 5 M li.

29. Reihe: 4 M re, 28 M li, 4 M re.

30. Reihe: 4 M li, 28 M re, 4 M li.

31. Reihe: 3 M re, 30 M li, 3 M re.

32. Reihe: 3 M li, 30 M re, 3 M li.

33. Reihe: 2 M re, 32 M li, 2 M re.

34. Reihe: 2 M li, 32 M re, 2 M li.

35. und 36. Reihe: Die 33. und 34. R wdh.

37. Reihe: 2 M re, 32 M li, 2 M re.

38. Reihe: 3 M li, 30 M re, 3 M li.

39. Reihe: 3 M re, 30 M li, 3 M re.

40. Reihe: 4 M li, 28 M re, 4 M li.

41. Reihe: 5 M re, 5 M li, 2 M re, 12 M li, 2 M re, 5 M li, 5 M re.

42. Reihe: 13 M li, 10 M re, 13 M li.

43. Reihe: 13 M re, 10 M li, 13 M re.

44. Reihe: 15 M li, 6 M re, 15 M li.

45.–48. Reihe: 4 R glatt re str. **

Einzelne Quadrate

36 M anschl.
Von * bis ** str.
Alle M abk.

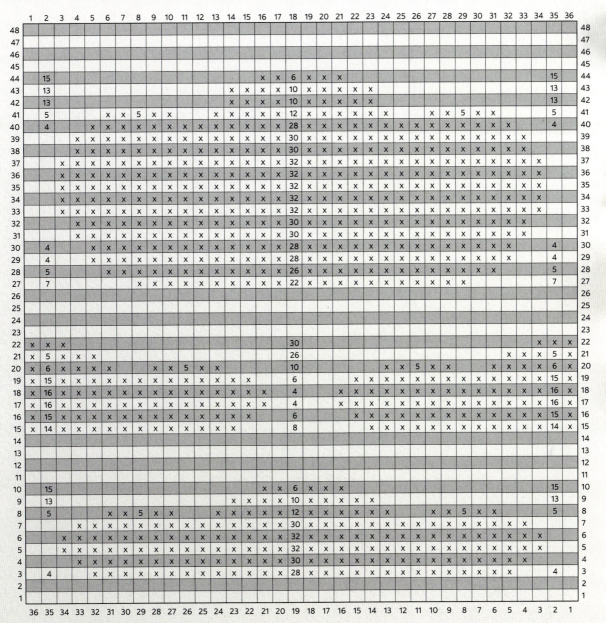

Kleine Schönwetterwolken

Dies ist die klassische Cumulus-Wolkenform mit flacher Unterseite, wie man sie zum Beispiel aus dem Vorspann zu „The Simpsons" kennt. Wenn die Luft aufsteigt, kühlt sie ab und erreicht eine Höhe, in der sie die Feuchtigkeit nicht mehr halten kann. Diese Höhe markiert die Basis der Wolke, wodurch die flache Unterseite entsteht. Die Wolken werden hier durch glatt linkes Gestrick dargestellt.

In einem Stück gestrickte Decke

Jede Reihe über die Breite der Decke hinweg so oft wiederholen, wie für die gewünschte Deckengröße erforderlich.

*1. und 2. Reihe: 2 R glatt re str.
3. Reihe: 3 M re, 12 M li, 6 M re, 12 M li, 3 M re.
4. Reihe: 2 M li, 14 M re, 4 M li, 14 M re, 2 M li.
5. Reihe: 2 M re, 14 M li, 4 M re, 14 M li, 2 M re.
6. Reihe: 3 M li, 11 M re, 7 M li, 11 M re, 4 M li.
7. Reihe: 4 M re, 11 M li, 7 M re, 11 M li, 3 M re.
8. Reihe: 5 M li, 8 M re, 10 M li, 8 M re, 5 M li.
9. Reihe: 8 M re, 5 M li, 13 M re, 5 M li, 5 M re.
10. Reihe: 6 M li, 3 M re, 15 M li, 3 M re, 9 M li.
11.–14. Reihe: 4 R glatt re str.
15. Reihe: 8 M li, 6 M re, 12 M li, 6 M re, 4 M li.
16. Reihe: 5 M re, 4 M li, 14 M re, 4 M li, 9 M re.
17. Reihe: 9 M li, 4 M re, 14 M li, 4 M re, 5 M li.
18. Reihe: 3 M re, 7 M li, 11 M re, 7 M li, 8 M re.
19. Reihe: 8 M li, 7 M re, 11 M li, 7 M re, 3 M li.
20. Reihe: 2 M re, 10 M li, 8 M re, 10 M li, 6 M re.
21. Reihe: 1 M re, 5 M li, 13 M re, 5 M li, 12 M re.
22. Reihe: 13 M li, 3 M re, 15 M li, 3 M re, 2 M li.
23.–26. Reihe: 4 R glatt re str.
27. Reihe: 5 M re, 12 M li, 6 M re, 12 M li, 1 M re.
28. Reihe: 2 x [14 M re, 4 M li].
29. Reihe: 2 x [4 M re, 14 M li].
30. Reihe: 1 M li, 11 M re, 7 M li, 11 M re, 6 M li.
31. Reihe: 6 M re, 11 M li, 7 M re, 11 M li, 1 M re.
32. Reihe: 3 M li, 8 M re, 10 M li, 8 M re, 7 M li.
33. Reihe: 10 M re, 5 M li, 13 M re, 5 M li, 3 M re.
34. Reihe: 4 M li, 3 M re, 15 M li, 3 M re, 11 M li.
35.–38. Reihe: 4 R glatt re str.
39. Reihe: 6 M li, 6 M re, 12 M li, 6 M re, 6 M li.
40. Reihe: 7 M re, 4 M li, 14 M re, 4 M li, 7 M re.
41. Reihe: 7 M li, 4 M re, 14 M li, 4 M re, 7 M li.
42. Reihe: 5 M re, 7 M li, 11 M re, 7 M li, 6 M re.
43. Reihe: 6 M li, 7 M re, 11 M li, 7 M re, 5 M li.
44. Reihe: 4 M re, 10 M li, 8 M re, 10 M li, 4 M re.
45. Reihe: 4 M li, 13 M re, 5 M li, 13 M re, 1 M li.
46. Reihe: 2 x [15 M li, 3 M re].
47. und 48. Reihe: 2 R glatt re str. **

Einzelne Quadrate

36 M anschl.
Von * bis ** str.
Alle M abk.

	1	2	3	4	5	6	7	8	9	10	11	12	13	14	15	16	17	18	19	20	21	22	23	24	25	26	27	28	29	30	31	32	33	34	35	36	
48																																					48
47																																					47
46									15							x	x	x									15							x	x	x	46
45	x								13						x	x	5	x	x								13						x	x	4	x	45
44	x	4	x	x					10						x	x	8	x	x	x	x	x					10						x	x	4	x	44
43	x	5	x	x	x				7				x	x	x	x	11	x	x	x	x	x	x				7				x	x	x	x	6	x	43
42	x	5	x	x	x				7				x	x	x	x	11	x	x	x	x	x	x				7				x	x	x	x	6	x	42
41	x	7	x	x	x	x	x		4			x	x	x	x	x	14	x	x	x	x	x	x	x	x		4			x	x	x	x	x	7	x	41
40	x	7	x	x	x	x	x		4			x	x	x	x	x	14	x	x	x	x	x	x	x	x		4			x	x	x	x	x	7	x	40
39	x	6	x	x	x	x			6				x	x	x	x	12	x	x	x	x	x	x	x			6				x	x	x	x	6	x	39
38																																					38
37																																					37
36																																					36
35																																					35
34		4			x	x	x									15							x	x	x										11		34
33				x	x	5	x	x								13						x	x	5	x	x									10		33
32				x	x	8	x	x	x	x	x					10						x	x	8	x	x	x	x	x						7		32
31		x	x	x	x	11	x	x	x	x	x	x				7				x	x	x	x	11	x	x	x	x	x	x					6		31
30		x	x	x	x	11	x	x	x	x	x	x				7				x	x	x	x	11	x	x	x	x	x	x					6		30
29	x	x	x	x	x	14	x	x	x	x	x	x	x	x		4			x	x	x	x	x	14	x	x	x	x	x	x	x	x			4		29
28	x	x	x	x	x	14	x	x	x	x	x	x	x	x		4			x	x	x	x	x	14	x	x	x	x	x	x	x	x			4		28
27		x	x	x	x	12	x	x	x	x	x	x	x			6				x	x	x	x	12	x	x	x	x	x	x	x				5		27
26																																					26
25																																					25
24																																					24
23																																					23
22							13							x	x	x									15							x	x	x			22
21							12						x	x	5	x	x								13						x	x	5	x	x		21
20	x	x					10						x	x	8	x	x	x	x	x					10						x	x	6	x	x	x	20
19	x	x	x				7				x	x	x	x	11	x	x	x	x	x	x				7				x	x	x	x	8	x	x	x	19
18	x	x	x				7				x	x	x	x	11	x	x	x	x	x	x				7				x	x	x	x	8	x	x	x	18
17	x	5	x	x	x		4			x	x	x	x	x	14	x	x	x	x	x	x	x	x		4			x	x	x	x	x	9	x	x	x	17
16	x	5	x	x	x		4			x	x	x	x	x	14	x	x	x	x	x	x	x	x		4			x	x	x	x	x	9	x	x	x	16
15	x	4	x	x			6				x	x	x	x	12	x	x	x	x	x	x	x			6				x	x	x	x	8	x	x	x	15
14																																					14
13																																					13
12																																					12
11																																					11
10		6					x	x	x									15							x	x	x								9		10
9		5				x	x	5	x	x								13						x	x	5	x	x							8		9
8		5				x	x	8	x	x	x	x	x					10						x	x	8	x	x	x	x	x				5		8
7				x	x	x	x	11	x	x	x	x	x	x				7				x	x	x	x	11	x	x	x	x	x	x			4		7
6				x	x	x	x	11	x	x	x	x	x	x				7				x	x	x	x	11	x	x	x	x	x	x			4		6
5			x	x	x	x	x	14	x	x	x	x	x	x	x	x		4			x	x	x	x	x	14	x	x	x	x	x	x	x	x			5
4			x	x	x	x	x	14	x	x	x	x	x	x	x	x		4			x	x	x	x	x	14	x	x	x	x	x	x	x	x			4
3				x	x	x	x	12	x	x	x	x	x	x	x			6				x	x	x	x	12	x	x	x	x	x	x	x				3
2																																					2
1																																					1
	36	35	34	33	32	31	30	29	28	27	26	25	24	23	22	21	20	19	18	17	16	15	14	13	12	11	10	9	8	7	6	5	4	3	2	1	

44 / Große Schönwetterwolken

In einem Stück gestrickte Decke

Jede Reihe über die Breite der Decke hinweg so oft wiederholen, wie für die gewünschte Deckengröße erforderlich.

* **1.–4. Reihe:** 4 R glatt re str.
5. Reihe: 6 M re, 22 M li, 8 M re.
6. Reihe: 6 M li, 25 M re, 5 M li.
7. Reihe: 4 M re, 27 M li, 5 M re.
8. Reihe: 4 M li, 28 M re, 4 M li.
9. Reihe: 4 M re, 28 M li, 4 M re.
10. Reihe: 4 M li, 28 M re, 4 M li.
11. Reihe: 5 M re, 27 M li, 4 M re.
12. Reihe: 5 M li, 25 M re, 6 M li.
13. Reihe: 8 M re, 23 M li, 5 M re.
14. Reihe: 6 M li, 22 M re, 8 M li.
15. Reihe: 9 M re, 17 M li, 10 M re.
16. Reihe: 10 M li, 17 M re, 9 M li.
17. Reihe: 10 M re, 4 M li, 1 M re, 11 M li, 10 M re.
18. Reihe: 11 M li, 10 M re, 15 M li.
19. Reihe: 16 M re, 8 M li, 12 M re.
20. Reihe: 13 M li, 6 M re, 17 M li.
21.–28. Reihe: 8 R glatt re str.
29. Reihe: 10 M li, 14 M re, 12 M li.
30. Reihe: 13 M re, 11 M li, 12 M re.
31. Reihe: 13 M li, 9 M re, 14 M li.
32. Reihe: 14 M re, 8 M li, 14 M re.
33. Reihe: 14 M li, 8 M re, 14 M li.
34. Reihe: 14 M re, 8 M li, 14 M re.

35. Reihe: 14 M li, 9 M re, 13 M li.
36. Reihe: 12 M re, 11 M li, 13 M re.
37. Reihe: 13 M li, 13 M re, 10 M li.
38. Reihe: 10 M re, 14 M li, 12 M re.
39. Reihe: 8 M li, 19 M re, 9 M li.
40. Reihe: 9 M re, 19 M li, 8 M re.
41. Reihe: 8 M li, 20 M re, 4 M li, 1 M re, 3 M li.
42. Reihe: 3 M re, 26 M li, 7 M re.
43. Reihe: 6 M li, 28 M re, 2 M li.
44. Reihe: 1 M re, 30 M li, 5 M re.
45.–48. Reihe: 4 R glatt re str. **

Einzelne Quadrate

36 M anschl.
Von * bis ** str.
Alle M abk.

Hoch oben am Himmel über uns lässt die Perspektive die Wolken größer erscheinen als jene dicht über dem Horizont. Das Muster dieses Quadrats ähnelt dem Muster Kleine Schönwetterwolken, aber die Wolkenform selbst ist größer.

Kombinierte Schönwetterwolken

Wenn Sie für eine kleinere Babydecke mit kleinen und großen Schönwetterwolken stricken wollen, könnten Sie dieses Quadrat verwenden, in dem beide Muster bereits kombiniert sind.

In einem Stück gestrickte Decke

Jede Reihe über die Breite der Decke hinweg so oft wiederholen, wie für die gewünschte Deckengröße erforderlich.

* **1. und 2. Reihe**: 2 R glatt re str.
3. Reihe: 3 M re, 12 M li, 6 M re, 12 M li, 3 M re.
4. Reihe: 2 M li, 14 M re, 4 M li, 14 M re, 2 M li.
5. Reihe: 2 M re, 14 M li, 4 M re, 14 M li, 2 M re.
6. Reihe: 3 M li, 11 M re, 7 M li, 11 M re, 4 M li.
7. Reihe: 4 M re, 11 M li, 7 M re, 11 M li, 3 M re.
8. Reihe: 5 M li, 8 M re, 10 M li, 8 M re, 5 M li.
9. Reihe: 8 M re, 5 M li, 13 M re, 5 M li, 5 M re.
10. Reihe: 6 M li, 3 M re, 15 M li, 3 M re, 9 M li.
11.–14. Reihe: 4 R glatt re str.
15. Reihe: 6 M li, 6 M re, 12 M li, 6 M re, 6 M li.
16. Reihe: 7 M re, 4 M li, 14 M re, 4 M li, 7 M re.
17. Reihe: 7 M li, 4 M re, 14 M li, 4 M re, 7 M li.
18. Reihe: 5 M re, 7 M li, 11 M re, 7 M li, 6 M re.
19. Reihe: 6 M li, 7 M re, 11 M li, 7 M re, 5 M li.
20. Reihe: 4 M re, 10 M li, 8 M re, 10 M li, 4 M re.
21. Reihe: 4 M li, 13 M re, 5 M li, 13 M re, 1 M li.
22. Reihe: 2 x [15 M li, 3 M re].
23.–28. Reihe: 6 R glatt re str.
29. Reihe: 6 M re, 22 M li, 8 M re.
30. Reihe: 6 M li, 25 M re, 5 M li.
31. Reihe: 4 M re, 27 M li, 5 M re.
32. Reihe: 4 M li, 28 M re, 4 M li.
33. Reihe: 4 M re, 28 M li, 4 M re.
34. Reihe: 4 M li, 28 M re, 4 M li.
35. Reihe: 5 M re, 27 M li, 4 M re.
36. Reihe: 5 M li, 25 M re, 6 M li.
37. Reihe: 8 M re, 23 M li, 5 M re.
38. Reihe: 6 M li, 22 M re, 8 M li.
39. Reihe: 9 M re, 17 M li, 10 M re.
40. Reihe: 10 M li, 17 M re, 9 M li.
41. Reihe: 10 M re, 4 M li, 1 M re, 11 M li, 10 M re.
42. Reihe: 11 M li, 10 M re, 15 M li.
43. Reihe: 16 M re, 8 M li, 12 M re.
44. Reihe: 13 M li, 6 M re, 17 M li.
45.–48. Reihe: 4 R glatt re str. **

Einzelne Quadrate

36 M anschl.
Von * bis ** str.
Alle M abk.

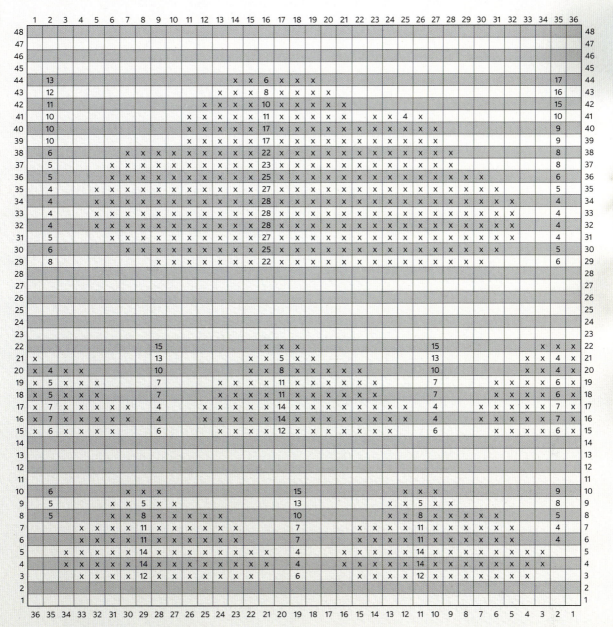

In einem Stück gestrickte Decke

Jede Reihe über die Breite der Decke hinweg so oft wiederholen, wie für die gewünschte Decken-größe erforderlich.

* **1. Reihe**: Re M str bis R-Ende.

2. Reihe: 7 M li, 4 M re, 14 M li, 4 M re, 7 M li.

3. Reihe: 6 M re, 6 M li, 12 M re, 6 M li, 6 M re.

4. Reihe: 3 M li, 12 M re, 6 M li, 12 M re, 3 M li.

5. Reihe: 2 M re, 14 M li, 4 M re, 14 M li, 2 M re.

6. Reihe: 2 M li, 14 M re, 4 M li, 14 M re, 2 M li.

7. Reihe: 4 M re, 11 M li, 7 M re, 11 M li, 3 M re.

8. Reihe: 4 M li, 10 M re, 8 M li, 10 M re, 4 M li.

9. Reihe: 5 M re, 8 M li, 10 M re, 8 M li, 5 M re.

10. Reihe: 5 M li, 5 M re, 13 M li, 5 M re, 8 M li.

11. Reihe: 9 M re, 3 M li, 15 M re, 3 M li, 6 M re.

12. und 13. Reihe: 2 R glatt re str (12. R = Rückr li M).

14. Reihe: 2 x [14 M li, 4 M re].

15. Reihe: 5 M li, 12 M re, 6 M li, 12 M re, 1 M li.

16. Reihe: 4 M re, 6 M li, 12 M re, 6 M li, 8 M re.

17. Reihe: 9 M li, 4 M re, 14 M li, 4 M re, 5 M li.

18. Reihe: 5 M re, 4 M li, 14 M re, 4 M li, 9 M re.

19. Reihe: 8 M li, 7 M re, 11 M li, 7 M re, 3 M li.

20. Reihe: 3 M re, 8 M li, 10 M re, 8 M li, 7 M re.

21. Reihe: 6 M li, 10 M re, 8 M li, 10 M re, 2 M li.

22. Reihe: 12 M li, 5 M re, 13 M li, 5 M re, 1 M li.

23. Reihe: 2 M re, 3 M li, 15 M re, 3 M li, 13 M re.

24. und 25. Reihe: 2 R glatt re str (24. R = Rückr li M).

26. Reihe: 5 M li, 4 M re, 14 M li, 4 M re, 9 M li.

27. Reihe: 8 M re, 6 M li, 12 M re, 6 M li, 4 M re.

28. Reihe: 1 M li, 12 M re, 6 M li, 12 M re, 5 M li.

29. Reihe: 2 x [4 M re, 14 M li].

30. Reihe: 2 x [14 M re, 4 M li].

31. Reihe: 6 M re, 11 M li, 7 M re, 11 M li, 1 M li.

32. Reihe: 2 M li, 10 M re, 8 M li, 10 M re, 6 M li.

33. Reihe: 7 M re, 8 M li, 10 M re, 8 M li, 3 M re.

34. Reihe: 3 M li, 5 M re, 13 M li, 5 M re, 10 M li.

35. Reihe: 11 M re, 3 M li, 15 M re, 3 M li, 4 M re.

36. und 37. Reihe: 2 R glatt re str (36. R = Rückr li M).

38. Reihe: 2 M re, 14 M li, 4 M re, 14 M li, 2 M re.

39. Reihe: 3 M li, 12 M re, 6 M li, 12 M re, 3 M li.

40. Reihe: 6 M re, 6 M li, 12 M re, 6 M li, 6 M re.

41. Reihe: 7 M li, 4 M re, 14 M li, 4 M re, 7 M li.

42. Reihe: 7 M re, 4 M li, 14 M re, 4 M li, 7 M re.

43. Reihe: 6 M li, 7 M re, 11 M li, 7 M re, 5 M li.

44. Reihe: 5 M re, 8 M li, 10 M re, 8 M li, 5 M re.

45. Reihe: 4 M li, 10 M re, 8 M li, 10 M re, 4 M li.

46. Reihe: 1 M re, 13 M li, 5 M re, 13 M li, 4 M re.

47. Reihe: 2 x [3 M li, 15 M re].

48. Reihe: Li M str bis R-Ende. **

Einzelne Quadrate

36 M anschl.
Von * bis ** str.
Alle M abk.

Altocumulus-Wolken passen ähnlich wie Puzzleteile zusammen, wenn sie aus einer sich auflösenden Altostratus-Wolke ent-standen sind. Die Wolken in diesem Quadrat basieren auf dem Muster Kleine Schönwetter-wolken, werden aber zu Altocumulus-Wolken, indem die Basis verändert wird, sodass die Wolken weniger flach erscheinen und sich den Wolken darum herum anpassen.

	1	2	3	4	5	6	7	8	9	10	11	12	13	14	15	16	17	18	19	20	21	22	23	24	25	26	27	28	29	30	31	32	33	34	35	36	
48																																					48
47									15									x	x	x											15									x	x	x	47
46	x								13								x	x	x	5	x								13								x	x	4	x	46
45	x	4	x	x					10								x	x	x	8	x	x	x	x					10								x	x	4	x	45
44	x	5	x	x	x				8						x	x	x	x	10	x	x	x	x	x				8					x	x	x	5	x	44
43	x	5	x	x	x				7				x	x	x	x	x	11	x	x	x	x	x				7				x	x	x	x	6	x	43
42	x	7	x	x	x	x	x		4			x	x	x	x	x	x	14	x	x	x	x	x	x	x		4			x	x	x	x	x	7	x	42
41	x	7	x	x	x	x	x		4			x	x	x	x	x	x	14	x	x	x	x	x	x	x		4			x	x	x	x	x	7	x	41
40	x	6	x	x	x	x			6				x	x	x	x	x	12	x	x	x	x	x	x			6				x	x	x	x	6	x	40
39	x	x	x						12						x	x	6	x	x	x						12						x	x	x	39
38	x	x							14							x	4	x	x							14							x	x	38
37																																					37
36																																					36
35		4			x	x	x										15								x	x	x										11			35
34				x	x	x	5	x									13							x	x	x	5	x								10			34
33				x	x	x	8	x	x	x	x					10							x	x	x	8	x	x	x	x					7			33
32			x	x	x	x	10	x	x	x	x	x				8						x	x	x	x	10	x	x	x	x	x				6			32
31		x	x	x	x	x	11	x	x	x	x	x				7					x	x	x	x	x	11	x	x	x	x	x				6			31
30	x	x	x	x	x	x	14	x	x	x	x	x	x	x		4			x	x	x	x	x	x	14	x	x	x	x	x	x	x		4			30
29	x	x	x	x	x	x	14	x	x	x	x	x	x	x		4			x	x	x	x	x	x	14	x	x	x	x	x	x	x		4			29
28		x	x	x	x	x	12	x	x	x	x	x	x			6					x	x	x	x	x	12	x	x	x	x	x	x			5			28
27			4		x	x	6	x	x	x							12							x	x	6	x	x	x						8			27
26			5			x	4	x	x								14								x	4	x	x							9			26
25																																					25
24																																					24
23							13							x	x	x									15							x	x	x			23
22							12						x	x	x	5	x									13						x	x	x	5	x		22
21	x	x					10						x	x	x	8	x	x	x	x					10						x	x	x	6	x	x	21
20	x	x	x				8					x	x	x	x	10	x	x	x	x	x				8					x	x	x	x	7	x	x	20
19	x	x	x				7				x	x	x	x	x	11	x	x	x	x	x				7				x	x	x	x	x	8	x	x	19
18	x	5	x	x	x		4			x	x	x	x	x	x	14	x	x	x	x	x	x	x		4			x	x	x	x	x	x	9	x	x	18
17	x	5	x	x	x		4			x	x	x	x	x	x	14	x	x	x	x	x	x	x		4			x	x	x	x	x	x	9	x	x	17
16	x	4	x	x			6				x	x	x	x	x	12	x	x	x	x	x	x			6				x	x	x	x	x	8	x	x	16
15	x						12							x	x	6	x	x	x						12							x	x	5	x	x	15
14							14								x	4	x	x							14								x	4	x	x	14
13																																					13
12																																					12
11		6					x	x	x								15									x	x	x								9		11
10		5				x	x	x	5	x								13						x	x	x	5	x						8		10
9		5				x	x	x	8	x	x	x	x						10						x	x	x	8	x	x	x	x				5		9
8		4			x	x	x	x	10	x	x	x	x	x				8					x	x	x	x	10	x	x	x	x	x			4		8
7				x	x	x	x	x	11	x	x	x	x	x				7				x	x	x	x	x	11	x	x	x	x	x			4		7
6			x	x	x	x	x	x	14	x	x	x	x	x	x	x		4			x	x	x	x	x	x	14	x	x	x	x	x	x	x			6
5			x	x	x	x	x	x	14	x	x	x	x	x	x	x		4			x	x	x	x	x	x	14	x	x	x	x	x	x	x			5
4				x	x	x	x	x	12	x	x	x	x	x	x			6				x	x	x	x	x	12	x	x	x	x	x	x				4
3		6					x	x	6	x	x	x						12							x	x	6	x	x	x				6		3
2		7						x	4	x	x							14								x	4	x	x					7		2
1																																					1
	36	35	34	33	32	31	30	29	28	27	26	25	24	23	22	21	20	19	18	17	16	15	14	13	12	11	10	9	8	7	6	5	4	3	2	1	

47 / **Mittelgroße Winterwolken**

Durch die Perspektive erscheinen die Wolken, die höher am Himmel schweben, größer als die am Horizont. Dieses Muster ähnelt dem Quadrat Kleine Winterwolken, aber die einzelnen Wolkenformen sind größer.

In einem Stück gestrickte Decke

Jede Reihe über die Breite der Decke hinweg so oft wiederholen, wie für die gewünschte Deckengröße erforderlich.

* **1. und 2. Reihe**: 2 R glatt re str.
3. Reihe: 14 M re, 6 M li, 16 M re.
4. Reihe: 14 M li, 10 M re, 12 M li.
5. Reihe: 10 M re, 14 M li, 12 M re.
6. Reihe: 8 M li, 22 M re, 6 M li.
7. Reihe: 5 M re, 25 M li, 6 M re.
8. Reihe: 5 M li, 27 M re, 4 M li.
9. Reihe: 4 M re, 28 M li, 4 M re.
10. Reihe: 4 M li, 28 M re, 4 M li.
11. Reihe: 4 M re, 28 M li, 4 M re.
12. Reihe: 4 M li, 27 M re, 5 M li.
13. Reihe: 6 M re, 25 M li, 5 M re.
14. Reihe: 5 M li, 23 M re, 8 M li.
15. Reihe: 8 M re, 22 M li, 6 M re.
16. Reihe: 9 M li, 18 M re, 9 M li.
17. Reihe: 9 M re, 17 M li, 10 M re.
18. Reihe: 10 M li, 16 M re, 10 M li.
19. Reihe: 15 M re, 10 M li, 11 M re.
20. Reihe: 12 M li, 8 M re, 16 M li.
21. Reihe: 17 M re, 6 M li, 13 M re.
22.–26. Reihe: 5 R glatt re str (22. R = Rückr li M).
27. Reihe: 2 M li, 30 M re, 4 M li.
28. Reihe: 6 M re, 26 M li, 4 M re.
29. Reihe: 6 M li, 22 M re, 8 M li.
30. Reihe: 12 M re, 14 M li, 10 M re.
31. Reihe: 12 M li, 11 M re, 13 M li.
32. Reihe: 14 M re, 9 M li, 13 M re.
33. Reihe: 14 M li, 8 M re, 14 M li.
34. Reihe: 14 M re, 8 M li, 14 M re.
35. Reihe: 14 M li, 8 M re, 14 M li.

36. Reihe: 13 M re, 9 M li, 14 M re.
37. Reihe: 13 M li, 11 M re, 12 M li.
38. Reihe: 10 M re, 13 M li, 13 M re.
39. Reihe: 12 M li, 14 M re, 10 M li.
40. Reihe: 9 M re, 18 M li, 9 M re.
41. Reihe: 8 M li, 19 M re, 9 M li.
42. Reihe: 8 M re, 20 M li, 8 M re.
43. Reihe: 7 M li, 26 M re, 3 M li.
44. Reihe: 2 M re, 28 M li, 6 M re.
45. Reihe: 5 M li, 30 M re, 1 M li.
46.–48. Reihe: 3 R glatt re str (46. R = Rückr li M). **

Einzelne Quadrate

36 M anschl.
Von * bis ** str.
Alle M abk.

	1	2	3	4	5	6	7	8	9	10	11	12	13	14	15	16	17	18	19	20	21	22	23	24	25	26	27	28	29	30	31	32	33	34	35	36	
48																																					48
47																																					47
46																																					46
45	x																	30														x	x	x	5	x	45
44	x	x																28													x	x	x	x	6	x	44
43	x	x	x															26												x	x	x	x	x	7	x	43
42	x	8	x	x	x	x	x	x										20											x	x	x	x	x	x	8	x	42
41	x	9	x	x	x	x	x	x	x									19											x	x	x	x	x	x	8	x	41
40	x	9	x	x	x	x	x	x	x									18										x	x	x	x	x	x	x	9	x	40
39	x	10	x	x	x	x	x	x	x	x								14							x	x	x	x	x	x	x	x	x	x	12	x	39
38	x	10	x	x	x	x	x	x	x	x								13						x	x	x	x	x	x	x	x	x	x	x	13	x	38
37	x	12	x	x	x	x	x	x	x	x	x	x						11						x	x	x	x	x	x	x	x	x	x	x	13	x	37
36	x	13	x	x	x	x	x	x	x	x	x	x	x					9					x	x	x	x	x	x	x	x	x	x	x	x	14	x	36
35	x	14	x	x	x	x	x	x	x	x	x	x	x	x				8					x	x	x	x	x	x	x	x	x	x	x	x	14	x	35
34	x	14	x	x	x	x	x	x	x	x	x	x	x	x				8					x	x	x	x	x	x	x	x	x	x	x	x	14	x	34
33	x	14	x	x	x	x	x	x	x	x	x	x	x	x				8					x	x	x	x	x	x	x	x	x	x	x	x	14	x	33
32	x	14	x	x	x	x	x	x	x	x	x	x	x	x				9						x	x	x	x	x	x	x	x	x	x	x	13	x	32
31	x	13	x	x	x	x	x	x	x	x	x	x	x					11							x	x	x	x	x	x	x	x	x	x	12	x	31
30	x	12	x	x	x	x	x	x	x	x	x	x						14									x	x	x	x	x	x	x	x	10	x	30
29	x	8	x	x	x	x	x	x										22													x	x	x	x	6	x	29
28	x	6	x	x	x	x												26															x	x	4	x	28
27	x	4	x	x														30																	x	x	27
26																																					26
25																																					25
24																																					24
23																																					23
22																																					22
21		13												x	x	6	x	x	x																17		21
20		12											x	x	x	8	x	x	x	x															16		20
19		11										x	x	x	x	10	x	x	x	x	x														15		19
18		10									x	x	x	x	x	16	x	x	x	x	x	x	x	x	x	x									10		18
17		10									x	x	x	x	x	17	x	x	x	x	x	x	x	x	x	x	x								9		17
16		9								x	x	x	x	x	x	18	x	x	x	x	x	x	x	x	x	x	x								9		16
15		6					x	x	x	x	x	x	x	x	x	22	x	x	x	x	x	x	x	x	x	x	x	x							8		15
14		5				x	x	x	x	x	x	x	x	x	x	23	x	x	x	x	x	x	x	x	x	x	x	x							8		14
13		5				x	x	x	x	x	x	x	x	x	x	25	x	x	x	x	x	x	x	x	x	x	x	x	x	x					6		13
12		4			x	x	x	x	x	x	x	x	x	x	x	27	x	x	x	x	x	x	x	x	x	x	x	x	x	x	x				5		12
11		4			x	x	x	x	x	x	x	x	x	x	x	28	x	x	x	x	x	x	x	x	x	x	x	x	x	x	x	x			4		11
10		4			x	x	x	x	x	x	x	x	x	x	x	28	x	x	x	x	x	x	x	x	x	x	x	x	x	x	x	x			4		10
9		4			x	x	x	x	x	x	x	x	x	x	x	28	x	x	x	x	x	x	x	x	x	x	x	x	x	x	x	x			4		9
8		5				x	x	x	x	x	x	x	x	x	x	27	x	x	x	x	x	x	x	x	x	x	x	x	x	x	x	x			4		8
7		6					x	x	x	x	x	x	x	x	x	25	x	x	x	x	x	x	x	x	x	x	x	x	x	x	x				5		7
6		8							x	x	x	x	x	x	x	22	x	x	x	x	x	x	x	x	x	x	x	x	x	x					6		6
5		12											x	x	x	x	x	x	14	x	x	x	x	x	x	x									10		5
4		14													x	x	x	x	10	x	x	x	x	x											12		4
3		16															x	x	6	x	x	x													14		3
2																																					2
1																																					1
	36	35	34	33	32	31	30	29	28	27	26	25	24	23	22	21	20	19	18	17	16	15	14	13	12	11	10	9	8	7	6	5	4	3	2	1	

In einem Stück gestrickte Decke

Jede Reihe über die Breite der Decke hinweg so oft wiederholen, wie für die gewünschte Deckengröße erforderlich.

* 1.–6. Reihe: 6 R glatt re str.
7. Reihe: 13 M re, 8 M li, 15 M re.
8. Reihe: 13 M li, 12 M re, 11 M li.
9. Reihe: 10 M re, 14 M li, 12 M re.
10. Reihe: 11 M li, 16 M re, 9 M li.
11. Reihe: 8 M re, 18 M li, 10 M re.
12. Reihe: 7 M li, 24 M re, 5 M li.
13. Reihe: 4 M re, 27 M li, 5 M re.
14. Reihe: 4 M li, 29 M re, 3 M li.
15. Reihe: 2 M re, 30 M li, 4 M re.
16. Reihe: 3 M li, 31 M re, 2 M li.
17. Reihe: 2 M re, 32 M li, 2 M re.
18. Reihe: 2 M li, 32 M re, 2 M li.
19.–22. Reihe: Die 17. und 18. R noch 2 x wdh.
23. Reihe: 3 M re, 31 M li, 2 M re.
24. Reihe: 2 M li, 31 M re, 3 M li.
25. Reihe: 4 M re, 30 M li, 2 M re.
26. Reihe: 2 M li, 30 M re, 4 M li.
27. Reihe: 5 M re, 28 M li, 3 M re.
28. Reihe: 3 M li, 27 M re, 6 M li.
29. Reihe: 6 M re, 26 M li, 4 M re.
30. Reihe: 4 M li, 26 M re, 6 M li.
31. Reihe: 6 M re, 24 M li, 6 M re.
32. Reihe: 7 M li, 23 M re, 6 M li.
33. Reihe: 7 M re, 22 M li, 7 M re.
34. Reihe: 7 M li, 22 M re, 7 M li.
35. Reihe: 8 M re, 20 M li, 8 M re.
36. Reihe: 8 M li, 19 M re, 9 M li.
37. Reihe: 13 M re, 15 M li, 8 M re.
38. Reihe: 9 M li, 14 M re, 13 M li.
39. Reihe: 13 M re, 14 M li, 9 M re.
40. Reihe: 10 M li, 12 M re, 14 M li.
41. Reihe: 15 M re, 10 M li, 11 M re.
42. Reihe: 13 M li, 6 M re, 17 M li.
43.–48. Reihe: 6 R glatt re str. **

Einzelne Quadrate

36 M anschl.
Von * bis ** str.
Alle M abk.

Dieses Wolkenmotiv könnte mit jedem der anderen Schönwetter- und Winterwolkenmuster zusammen verwendet werden, denn auch wenn man die flache Unterseite einer Schönwetterwolke von unten betrachtet, würde sie eher wie dieses Muster aussehen.

49 / Kombinierte Winterwolken

Wollen Sie eine kleinere Babydecke mit zwei Winterwolken-Mustern zusammen stricken? Dann bietet sich dieses Quadrat als Kombination aus den Mustern Kleine und Mittelgroße Winterwolken an. Das Motiv Große Winterwolken ist zu groß, um mit anderen Mustern in einem Quadrat zusammengefasst zu werden.

In einem Stück gestrickte Decke

Jede Reihe über die Breite der Decke hinweg so oft wiederholen, wie für die gewünschte Deckengröße erforderlich.

* **1. Reihe:** Re M str bis R-Ende.
2. Reihe: 7 M li, 4 M re, 14 M li, 4 M re, 7 M li.
3. Reihe: 6 M re, 6 M li, 12 M re, 6 M li, 6 M re.
4. Reihe: 3 M li, 12 M re, 6 M li, 12 M re, 3 M li.
5. Reihe: 2 M re, 14 M li, 4 M re, 14 M li, 2 M re.
6. Reihe: 2 M li, 14 M re, 4 M li, 14 M re, 2 M li.
7. Reihe: 4 M re, 11 M li, 7 M re, 11 M li, 3 M re.
8. Reihe: 4 M li, 10 M re, 8 M li, 10 M re, 4 M li.
9. Reihe: 5 M re, 8 M li, 10 M re, 8 M li, 5 M re.
10. Reihe: 5 M li, 5 M re, 13 M li, 5 M re, 8 M li.
11. Reihe: 9 M re, 3 M li, 15 M re, 3 M li, 6 M re.
12. und 13. Reihe: 2 R glatt re str (12. R = Rückr li M).
14. Reihe: 2 M re, 14 M li, 4 M re, 14 M li, 2 M re.
15. Reihe: 3 M li, 12 M re, 6 M li, 12 M re, 3 M li.
16. Reihe: 6 M re, 6 M li, 12 M re, 6 M li, 6 M re.
17. Reihe: 7 M li, 4 M re, 14 M li, 4 M re, 7 M li.
18. Reihe: 7 M re, 4 M li, 14 M re, 4 M li, 7 M re.
19. Reihe: 6 M li, 7 M re, 11 M li, 7 M re, 5 M li.
20. Reihe: 5 M re, 8 M li, 10 M re, 8 M li, 5 M re.
21. Reihe: 4 M li, 10 M re, 8 M li, 10 M re, 4 M li.
22. Reihe: 1 M re, 13 M li, 5 M re, 13 M li, 4 M re.
23. Reihe: 2 x [3 M li, 15 M re].
24.–26. Reihe: 3 R glatt re str (24. R = Rückr li M).
27. Reihe: 14 M re, 6 M li, 16 M re.
28. Reihe: 14 M li, 10 M re, 12 M li.
29. Reihe: 10 M re, 14 M li, 12 M re.
30. Reihe: 8 M li, 22 M re, 6 M li.
31. Reihe: 5 M re, 25 M li, 6 M re.
32. Reihe: 5 M li, 27 M re, 4 M li.
33. Reihe: 4 M re, 28 M li, 4 M re.
34. Reihe: 4 M li, 28 M re, 4 M li.
35. Reihe: 4 M re, 28 M li, 4 M re.
36. Reihe: 4 M li, 27 M re, 5 M li.
37. Reihe: 6 M re, 25 M li, 5 M re.
38. Reihe: 5 M li, 23 M re, 8 M li.
39. Reihe: 8 M re, 22 M li, 6 M re.
40. Reihe: 9 M li, 18 M re, 9 M li.
41. Reihe: 9 M re, 17 M li, 10 M re.
42. Reihe: 10 M li, 16 M re, 10 M li.
43. Reihe: 15 M re, 10 M li, 11 M re.
44. Reihe: 12 M li, 8 M re, 16 M li.
45. Reihe: 17 M re, 6 M li, 13 M re.
46.–48. Reihe: 3 R glatt re str (46. R = Rückr li M). **

Einzelne Quadrate

36 M anschl.
Von * bis ** str.
Alle M abk.

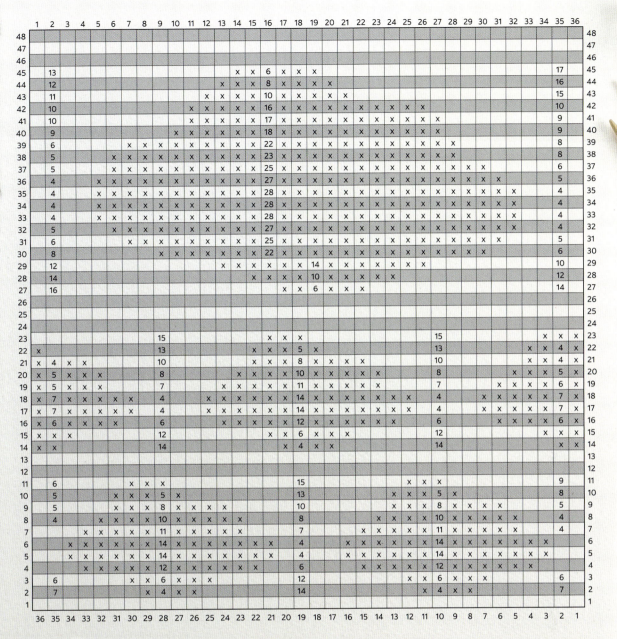

50 / Aufziehende Wolken

In einem Stück gestrickte Decke

Jede Reihe über die Breite der Decke hinweg so oft wiederholen, wie für die gewünschte Deckengröße erforderlich.

* 1. und 2. Reihe: 2 R glatt re str.

3.–14. Reihe: 12 R glatt li str (3. R = Hinr li M).

15. Reihe: 2 M li, 1 M re, 30 M li, 1 M re, 2 M li.

16. Reihe: 4 M li, 28 M re, 4 M li.

17. Reihe: 5 M re, 5 M li, 2 M re, 12 M li, 2 M re, 5 M li, 5 M re.

18. Reihe: 13 M li, 10 M re, 13 M li.

19. Reihe: 13 M re, 10 M li, 13 M re.

20. Reihe: 15 M li, 6 M re, 15 M li.

21.–26. Reihe: 6 R glatt re str.

27.–38. Reihe: 12 R glatt li str (27. R = Hinr li M).

39. Reihe: 15 M li, 1 M re, 4 M li, 1 M re, 15 M li.

40. Reihe: 14 M re, 8 M li, 14 M re.

41. Reihe: 6 M li, 2 M re, 5 M li, 10 M re, 5 M li, 2 M re, 6 M li.

42. Reihe: 5 M re, 26 M li, 5 M re.

43. Reihe: 5 M li, 26 M re, 5 M li.

44. Reihe: 3 M re, 30 M li, 3 M re.

45.–48. Reihe: 4 R glatt re str. **

Einzelne Quadrate

36 M anschl.
Von * bis ** str.
Alle M abk.

Eine aufziehende Wetterfront am Horizont kann einen Regenschauer ankündigen. Daher verwendet dieses Muster die Gewitterwolken-Muster als Grundlage, fügt aber die einzelnen Wolken zu einer typischen Wolkenbank zusammen. Das Muster wird wiederholt, um ein ansonsten eher unscheinbares Quadrat interessanter zu gestalten.

Column headers (top): 1 2 3 4 5 6 7 8 9 10 11 12 13 14 15 16 17 18 19 20 21 22 23 24 25 26 27 28 29 30 31 32 33 34 35 36

A knitting/colourwork chart grid (rows 1–48, columns 1–36) with shaded cells and "x" markings. Numbers embedded in certain rows:

Row	Values
44	30
43	5 · 5
42	5 · 5
41	6 · 5 · 10 · 5 · 6
40	14 · 8 · 14
39	15 · 4 · 15
20	15 · 6 · 15
19	13 · 10 · 13
18	13 · 10 · 13
17	5 · 5 · 12 · 5 · 5
16	4 · 28 · 4
15	30

Column headers (bottom): 36 35 34 33 32 31 30 29 28 27 26 25 24 23 22 21 20 19 18 17 16 15 14 13 12 11 10 9 8 7 6 5 4 3 2 1

Decken

Sonniger Strand

Die Sonne scheint, Sie haben Sand zwischen den Zehen, Salzwasser im Haar und vielleicht ein Eis in der Hand. Die Wellen schwappen sanft an den Strand, Sie atmen tief ein, und für einen Augenblick fühlt sich die ganze Welt richtig gut an.

Die Decke **Sonniger Strand** zeigt, wie eine Decke entweder aus einzelnen Quadraten zusammengesetzt oder in einem Stück gestrickt werden kann. Die Anleitung beschreibt beide Konstruktionstechniken. Die abgebildeten Decken wurden aus Stylecraft Special DK gestrickt, demselben Garn, mit dem auch die Strickquadrate im Musterteil gearbeitet wurden.

Größe, Garn und Nadeln

Größe: 106 cm x 106 cm

Nadeln: Stricknadeln 3,5-4 mm und Rundstricknadel 3-3,5 mm, 100 cm lang

Garn: Stylecraft Special DK (100 % Polyacryl; LL 295 m/ 100 g), je 100 g in folgenden Farben:
- Stone (Fb 1710)
- Camel (Fb 1420)
- Storm Blue (Fb 1722)
- Petrol (Fb 1708)
- Aster (Fb 1003)
- Lapis (Fb 1831)

Maschenprobe:

22 M und 30 R glatt re = 10 cm x 10 cm

Anleitung

Für eine Decke aus einzelnen Quadraten: Mit Nd 3,5–4 mm einzelne Quadrate in den Mustern gemäß nebenstehender Tabelle arb.

Quadrate verbinden

Für einen vertikalen Streifen aus Quadraten gemäß Tabelle die Anschlag- und Abkettkanten der Quadrate verbinden. Die einzelnen Streifen so zusammennähen, dass die Verbindungsnähte der Quadrate und die Muster exakt übereinstimmen. Die entscheidenden Stellen der Motive mit kontrastfarbenen Garnresten zusammenhalten und erst dann die Naht endgültig schließen; dabei die Hilfsfädchen nach und nach entfernen.

Blende

Folgen Sie der Anleitung zum Anstricken einer Blende im Kapitel Tipps & Techniken (Blende anstricken; Seite 140). Dabei passen Sie die Farben der Blende den jeweiligen Quadraten an.

Alternative Technik

Decke in einem Stück einschließlich Blende stricken:
In Stone 226 M anschl und 8 R kraus re str.
5 M re str, MM platzieren, die 1. R des Musters **Viele Fußspuren** 6 x str, dabei nach jedem Rapport 1 MM platzieren, mit 5 M re enden.
In der oben beschriebenen Mustereinteilung die weiteren R des Musters **Viele Fußspuren** str, dabei die MM jeweils abh.
Die übrigen Quadratrapporte gemäß der Tabelle und dem Farbschlüssel auf dieselbe Weise arb.
In Lapis 8 R kraus re str.
Alle M abk.

Anordnung der Musterquadrate

44	44	44	44	44	44
43	43	43	43	43	43
14	14	14	14	14	14
13	13	13	13	13	13
2	2	2	2	2	2
1	1	1	1	1	1

1	VIELE FUẞSPUREN, STONE, 6 QUADRATE
2	WENIGE FUẞSPUREN, CAMEL, 6 QUADRATE
13	GROẞE BRECHENDE WELLEN, STORM BLUE, 6 QUADRATE
14	KLEINE BRECHENDE WELLEN, PETROL, 6 QUADRATE
43	KLEINE SCHÖNWETTERWOLKEN, ASTER, 6 QUADRATE
44	GROẞE SCHÖNWETTERWOLKEN, LAPIS, 6 QUADRATE

Auf Seite 108 sehen Sie diese Decke in einem Stück gestrickt.

Gebirge im Sommer

Der Sommer in den Bergen steht in starkem Kontrast zum Winter: Die Farben rangieren vom Grün der Nadelbäume über die Farben der Berge bis zum Blau des Himmels. Bei sommerlichen Bergwanderungen lassen die kühleren Temperaturen und die leichte Brise zusammen mit der Wärme der Sonne die Welt frisch, neu und voll von Möglichkeiten erscheinen.

Die Decke **Gebirge im Sommer** zeigt, wie sich Farbübergänge sanft gestalten lassen, wenn man eine Decke in einzelnen Farben statt in Farbverläufen arbeitet. Strandlandschaften haben in der Regel scharf abgegrenzte Horizonte und eignen sich daher für klare Farbschichten. Bei anderen Landschaften kann der Übergang durch die Verwendung zweier ähnlicher Farbtöne abgemildert werden, wie hier gezeigt. Für das Modell wurde das Garn Scheepjes Stone Washed verwendet, ein Mischgarn aus Baumwolle und Polyacryl, bei dem die Farben durch die zweifarbige Verzwirnung besonders sanft wirken. Die Farben sind so hell, dass sie die Struktur gut zur Geltung bringen. Bei mehrfarbigen Garnen ist Vorsicht angebracht, damit die Farben nicht auf Kosten der Struktur in den Vordergrund treten. Diese Decke wurde aus einzelnen Quadraten zusammengesetzt, auf Seite 114 finden Sie aber auch eine Anleitung, wie Sie die Decke aus einem Stück stricken können.

Größe, Garn und Nadeln

Größe: 106 cm x 89 cm

Nadeln: Stricknadeln 3,5–4 mm und Rundstricknadel 3–3,5 mm, 100 cm lang

Garn: Scheepjes Stone Washed Sport (78 % Baumwolle, 22 % Polyacryl; LL 130 m/50 g), je 100 g in folgenden Farben:

- Malachite (Fb 825)
- Fosterite (Fb 826)
- Deep Amethyst (Fb 811)
- Lilac Quartz (Fb 818)
- Turquoise (Fb 824)
- Amazonite (Fb 813)

Maschenprobe:

22 M und 30 R glatt re = 10 cm x 10 cm

Anleitung

Für eine Decke aus einzelnen Quadraten: Mit Nd
3,5–4 mm einzelne Quadrate in den Mustern gemäß
nebenstehender Tabelle arb.

Quadrate verbinden

Für einen vertikalen Streifen aus Quadraten gemäß
Tabelle die Anschlag- und Abkettkanten der Quadrate
verbinden. Die einzelnen Streifen so zusammennähen,
dass die Verbindungsnähte der Quadrate und die Muster
exakt übereinstimmen. Die entscheidenden Stellen der
Motive mit kontrastfarbenen Garnresten zusammenhalten und erst dann die Naht endgültig schließen; dabei die
Hilfsfädchen nach und nach entfernen.

Blende

Folgen Sie der Anleitung zum Anstricken einer Blende im
Kapitel Tipps & Techniken (Seite 140). Dabei passen Sie die
Farben der Blende den jeweiligen Quadraten an.

Alternative Technik

Decke in einem Stück einschließlich Blende stricken:
In Malachite 190 M anschl und 8 R kraus re str.
5 M re str, MM platzieren, die 1. R des Musters **Große
Nadelbäume** 5 x str, dabei nach jedem Rapport 1 MM
platzieren, mit 5 M re enden.
In der oben beschriebenen Mustereinteilung die weiteren
R des Musters **Große Nadelbäume** str, dabei die MM
jeweils abh.
Die übrigen Quadratrapporte gemäß der Tabelle und dem
Farbschlüssel auf dieselbe Weise arb.
In Amazonite 8 R kraus re str.
Alle M abk.

Anordnung der Musterquadrate

44	44	44	44	44
43	43	43	43	43
37	37	37	37	37
36	36	36	36	36
34	34	34	34	34
33	33	33	33	33

33	GROßE NADELBÄUME, MALACHITE, 5 QUADRATE
34	KLEINE NADELBÄUME, FOSTERITE, 5 QUADRATE
36	VORGEBIRGE, DEEP AMETHYST, 5 QUADRATE
37	BERGE, LILAC QUARTZ, 5 QUADRATE
43	KLEINE SCHÖNWETTERWOLKEN, TURQUOISE, 5 QUADRATE
44	GROßE SCHÖNWETTERWOLKEN, AMAZONITE, 5 QUADRATE

Stürmischer Strand

Es ist ein stürmischer Tag an einem Sandstrand. Aus dem dunklen Himmel über dem Meer fällt Regen. Sie haben sich in Ihren Regenmantel eingemummelt, und der Regen prasselt auf die Kapuze. Der Strand ist bis auf ein paar hartgesottene Surfer und Spaziergänger mit ihren Hunden menschenleer.

Für die hier abgebildete Decke wurde ein einziger Garnbobbel verwendet: Scheepjes Whirl in der Farbe Mid-Morning Mocha'roo, ein vierfädiges Mischgarn aus Baumwolle und Polyacryl. Die Decke wurde in einem Stück mit kraus rechter Blende gestrickt.

Wenn Sie lieber eine sonnige Strandszene kreieren wollen (was sehr vernünftig wäre!), haben Sie die Wahl unter den anderen Farbverläufen des Scheepjes-Garns. In diesem Fall könnten Sie beispielsweise das Muster **Regen** durch das Muster **Kleine brechende Wellen** ersetzen.

Größe, Garn und Nadeln

Größe: 84 cm x 70 cm

Nadeln: Rundstricknadel 3 mm, 80 cm lang

Garn: Scheepjes Whirl (60 % Baumwolle, 40 % Polyacryl; LL 1000 m/220 g), 1 Bobbel (ca. 220 g) in Mid-Morning Mocha'roo (Fb 766)

Maschenprobe:

26 M und 35 R glatt re = 10 cm x 10 cm

Anleitung

190 M anschl und 8 R kraus re str.

5 M re str, MM platzieren, die 1. R des Musters **Viele Fuß-spuren** 6 x str, dabei nach jedem Rapport 1 MM platzieren, mit 5 M re enden.

In der oben beschriebenen Mustereinteilung die weiteren R des Musters **Viele Fußspuren** str, dabei die MM jeweils abh.

Die übrigen Quadratrapporte gemäß der Tabelle auf dieselbe Weise arb.

8 R kraus re str.

Alle M abk.

Alternative Technik

Decke aus einzelnen Quadraten:

Wenn Sie diese Decke aus einzelnen Quadraten arbeiten wollen, können Sie keinen Garnbobbel mit Farbverlauf verwenden. Stattdessen sollten Sie für jede Quadratreihe ähnliche Farben eines anderen Garns wählen. Stricken Sie einzelne Quadrate gemäß den in der Tabelle aufgeführten Mustern, die Sie anschließend gemäß der Anleitung auf Seite 140 miteinander verbinden (Tipps & Techniken). Anschließend stricken Sie eine Blende entsprechend der Anleitung auf derselben Seite an. Dabei passen Sie die Farben der Blende den jeweiligen Quadraten an.

Anordnung der Musterquadrate

41	41	41	41	41
40	40	40	40	40
39	39	39	39	39
13	13	13	13	13
2	2	2	2	2
1	1	1	1	1

1	VIELE FUßSPUREN, 5 RAPPORTE
2	WENIGE FUßSPUREN, 5 RAPPORTE
13	GROßE BRECHENDE WELLEN, 5 RAPPORTE
39	REGEN, 5 RAPPORTE
40	NIEDRIGE GEWITTERWOLKEN, 5 RAPPORTE
41	HOHE GEWITTERWOLKEN, 5 RAPPORTE

Wald der Hasenglöckchen

In dieser frühlingshaften Szenerie plätschert ein Bach an einem Teppich aus Hasenglöckchen vorbei, der sich unter den Bäumen ausbreitet. Der Wald ist noch ein wenig feucht, trocknet aber allmählich und verspricht, dass der Sommer naht. Die Vögel zwitschern, und irgendwo in der Ferne hört man feiernde Menschen, die ihr Picknick genießen.

Die Decke Wald der Hasenglöckchen ist aus einem anderen Bobbel aus dem Whirl-Segment von Scheepjes gearbeitet, diesmal aus Woolly Whirl, einem Mischgarn aus Baumwolle und Wolle, in der Farbe Kiwi Drizzle. Das Modell ist in einem Stück mit kraus rechter Blende gestrickt.

Größe, Garn und Nadeln

Größe: 80 cm x 80 cm

Nadeln: Rundstricknadel 3 mm, 80 cm lang

Garn: Scheepjes Woolly Whirl 4-ply (70 % Baumwolle, 30 % Wolle; LL ca. 1000 m/ 220 g), 1 Bobbel (ca. 220 g) in Kiwi Drizzle (Fb 473)

Maschenprobe:

26 M und 35 R glatt re = 10 cm x 10 cm

Anleitung

226 M anschl und 8 R kraus re str.
5 M re str, MM platzieren, die 1. R des Musters **Wildwasser**
6 x str, dabei nach jedem Rapport 1 MM platzieren, mit
5 M re enden.
In der oben beschriebenen Mustereinteilung die weiteren
R des Musters **Wildwasser** str, dabei die MM jeweils abh.
Die übrigen Quadratrapporte gemäß der Tabelle auf dieselbe Weise arb. Bitte denken Sie daran, die alternative
Anleitung für die beiden Blattmuster zu verwenden, damit
die Muster glatt aneinander anschließen.
Zuletzt die 1. R des Musters **Kleine Buchenblätter** noch 1 x
arb, dann 7 R kraus re str.
Alle M abk.

Alternative Technik

Decke aus einzelnen Quadraten:
Wenn Sie diese Decke aus einzelnen Quadraten arbeiten
wollen, können Sie keinen Garnbobbel mit Farbverlauf
verwenden. Stattdessen sollten Sie für jede Quadratreihe
ähnliche Farben eines anderen Garns wählen. Stricken Sie
einzelne Quadrate gemäß den in der Tabelle aufgeführten Mustern, die Sie anschließend gemäß der Anleitung
auf Seite 140 miteinander verbinden (Tipps & Techniken).
Anschließend stricken Sie eine Blende entsprechend der
Anleitung auf derselben Seite an. Dabei passen Sie die
Farben der Blende den jeweiligen Quadraten an.

Anordnung der Musterquadrate

21	21	21	21	21	21
19	19	19	19	19	19
18	18	18	18	18	18
5	5	5	5	5	5
4	4	4	4	4	4
6	6	6	6	6	6

6	WILDWASSER, 6 RAPPORTE
4	GRAS, 6 RAPPORTE
5	HASENGLÖCKCHEN, 6 RAPPORTE
18	BUCHENSTÄMME, 6 RAPPORTE
19	GROßE BUCHENBLÄTTER, 6 RAPPORTE
21	KLEINE BUCHENBLÄTTER, 6 RAPPORTE

Laubwald

In dieser herbstlichen Szene reifen die Helikopter-Samen an den Ahorn-bäumen und warten nur darauf, verstreut zu werden und neue Bäume hervorzubringen. Es hat ziemlich viel geregnet, sodass der ausgetretene Pfad von vielen Füßen aufgewühlt ist.

Für die Decke Laubwald wurden zwei Fäden in unterschiedlichen Farben zusammen verstrickt, wobei nach und nach immer nur eine neue Farbe ein-geführt wurde. Hier habe ich das Garn Scheepjes Catona verwendet, um den Farbverlauf zu gestalten, weil das Garn in einem breiten Farbspektrum erhältlich ist. Die Farbtöne wechseln vom Dunkelbraun der Fußspuren im Schlamm über die Baumstämme in hellerem Braun bis zu den grünen Blättern. Der Verlauf von Braun zu Grün umfasst auch einen Olivgrünton an der Stelle, an der die Baumstämme feucht und moosbedeckt sein könnten. Diese Decke ist in einem Stück mit integrierter Krausrippenblende gearbeitet.

Größe, Garn und Nadeln

Größe: 105 cm x 95 cm

Garn: Scheepjes Catona 4ply
(100 % Baumwolle; LL 125 m/50 g),
jeweils 100 g in folgenden Farben:

- Black Coffee (Fb 162)
- Chocolate (Fb 507)
- Hazelnut (Fb 503)
- Moon Rock (Fb 254)
- Willow (Fb 395)
- Sage Green (Fb 212)
- Forest Green (Fb 412)
- Emerald (Fb 515)
- Parrot Green (Fb 241)
- Apple Green (Fb 389)
- Apple Granny (Fb 513)

Maschenprobe:

17 M und 23 R glatt re =
10 cm x 10 cm

Anleitung

Mit 2 Fäden in Black Coffee zus 154 M anschl und 8 R kraus re str.
1 Faden in Black Coffee abschneiden und stattdessen 1 Faden in Chocolate dazunehmen. 5 M re str, MM platzieren, die 1. R des Musters **Viele Fußspuren** 4 x str, dabei nach jedem Rapport 1 MM platzieren, mit 5 M re enden.
In der oben beschriebenen Mustereinteilung die weiteren R des Musters **Viele Fußspuren** str, dabei die MM jeweils abh.
Den verbliebenen Faden in Black Coffee gegen 1 Faden in Hazelnut austauschen (nun also mit je 1 Faden in Chocolate und Hazelnut weiterstr). Mustergemäß die 25.–50. R von **Viele Fußspuren** weiterstr.
Den Faden in Chocolate gegen 1 Faden in Moon Rock austauschen und mit dieser Fb-Kombination die 1.–24. R des Musters **Ahornstämme** arb.
Die übrigen Quadratrapporte gemäß der Tabelle auf dieselbe Weise arb; dabei jeweils den Faden, mit dem bereits 48. R gestrickt wurden, gegen den nächsten Faden in der Fb-Tabelle austauschen. Denken Sie daran, die alternative Anleitung für die Muster **Mittelgroße** und **Kleine Ahornblätter** zu verwenden, damit die Muster beim Wechsel direkt aneinander anschließen.
Den 2. Faden in Apple Granny anschlingen. Mit 2 Fäden in Apple Granny zus die 1. R des Musters **Kleine Ahornblätter** noch 1 x arb.
7 R kraus re str.
Alle M abk.

Alternative Technik

Decke aus einzelnen Quadraten:
Wenn Sie diese Decke aus einzelnen Quadraten arbeiten wollen, können Sie keinen Garnbobbel mit Farbverlauf verwenden. Stattdessen sollten Sie für jede Quadratreihe ähnliche Farben eines anderen Garns wählen. Stricken Sie einzelne Quadrate gemäß den in der Tabelle aufgeführten Mustern, die Sie anschließend gemäß der Anleitung auf Seite 140 miteinander verbinden (Tipps & Techniken). Anschließend stricken Sie eine Blende entsprechend der Anleitung auf derselben Seite an. Dabei passen Sie die Farben der Blende den jeweiligen Quadraten an.

Anordnung der Musterquadrate

25	25	25	25
24	24	24	24
23	23	23	23
22	22	22	22
1	1	1	1

1 VIELE FUßSPUREN, 4 RAPPORTE, BLACK COFFEE UND CHOCOLATE, DANN CHOCOLATE UND HAZELNUT

22 AHORNSTÄMME, 4 RAPPORTE, HAZELNUT UND MOON ROCK, DANN MOON ROCK UND WILLOW

23 GROßE AHORNBLÄTTER, 4 RAPPORTE, WILLOW UND SAGE GREEN, DANN SAGE GREEN UND FOREST GREEN

24 MITTELGROßE AHORNBLÄTTER, 4 RAPPORTE, FOREST GREEN UND EMERALD, DANN EMERALD UND PARROT GREEN

25 KLEINE AHORNBLÄTTER, 4 RAPPORTE, PARROT GREEN UND APPLE GREEN, DANN APPLE GREEN UND APPLE GRANNY

Schnee-berge

Über Nacht hat es stark geschneit, und die Landschaft ist von einer weißen Decke verhüllt. Der Himmel hängt voller Wolken, die jeden Moment weiteren Schneefall ankündigen. Sie mummeln sich zum Schutz vor der Kälte warm ein und machen sich zu einem Spaziergang auf. Außer dem Knirschen der Stiefel im Neuschnee ist kein Laut zu hören.

Die Decke Schneeberge ist ein Beispiel dafür, wie die kombinierten Quadratmuster für eine kleine Babydecke verwendet werden können, in der trotzdem eine ganze Reihe von Mustern vorkommt. Diese Decke ist in einer einzigen Farbe des Sirdar-Garns Snuggly Baby Bamboo aus 80 Prozent Bambus-Viskose und 20 Prozent Wolle gestrickt und fühlt sich daher weich auf der empfindlichen Babyhaut an. Dieses Exemplar ist in einem Stück mit Krausrippenblende gearbeitet, wobei die erste Masche jeder Reihe links abgehoben wird, damit ein spitzenartiger Effekt entsteht. Für ein Garn dieser Lauflänge ist der Faden relativ dünn, deshalb habe ich etwas dünnere Nadeln verwendet als üblich, um die Strukturmuster gut zur Geltung zu bringen.

Größe, Garn und Nadeln

Größe: 65 cm x 55 cm

Nadeln: Rundstricknadel 3,5 mm, 80 cm lang

Garn: Sirdar Snuggly Baby Bamboo DK (80 % Bambus-Viskose, 20 % Wolle; LL 95 m/50 g), 250 g in Cream (Fb 131)

Maschenprobe:

21 M und 29 R glatt re = 10 cm x 10 cm

Anleitung

120 M anschl.

Achtung: Bei dieser Decke durchweg die 1. M jeder R wie zum Linksstr abh.

10 R kraus re str.

5 M re str, MM platzieren, die 1. R des Musters **Kiesiger Sand** 3 x str, dabei nach jedem Rapport 1 MM platzieren, mit 6 M re enden.

In der oben beschriebenen Mustereinteilung die 2.–24. R des Musters **Kiesiger Sand** str, dabei die MM jeweils abh. Die übrigen Quadratrapporte gemäß der Tabelle auf dieselbe Weise arb.

11 R kraus re str.

Alle M abk.

Alternative Technik

Decke aus einzelnen Quadraten:

Stricken Sie einzelne Quadrate gemäß den in der Tabelle aufgeführten Mustern, die Sie anschließend gemäß der Anleitung auf Seite 140 miteinander verbinden (Tipps & Techniken). Anschließend stricken Sie eine Blende entsprechend der Anleitung auf derselben Seite an.

Anordnung der Musterquadrate

49	49	49
38	38	38
35	35	35
8	8	8

8	KIESIGER SAND, 3 RAPPORTE
35	KOMBINIERTE NADELBÄUME, 3 RAPPORTE
38	KOMBINIERTE BERGE, 3 RAPPORTE
49	KOMBINIERTE WINTERWOLKEN, 3 RAPPORTE

Kiesstrand

Wenn man im Winter warm eingemummelt an einem Kiesstrand entlang spazierengeht, muss man darauf achten, auf großen Steinen das Gleichgewicht zu halten. Der von weichen Wolken bedeckte Himmel wirkt milchig, und die Wellen einer grauen See brechen sich sanft an den Kieseln. Ein Hund bellt das Meer an, und Kinder sammeln Steine, um sie über die Wellen flitschen zu lassen.

Die Decke **Kiesstrand** bietet Ihnen die Möglichkeit, Ihre Fähigkeiten im Stricken auszubauen, denn darin kommen Variationen des klassischen Blasenmusters vor, die Kieselsteine unterschiedlicher Größe darstellen. Zumindest der Teil mit den Kieseln sollte am besten in einzelnen Quadraten gestrickt werden, weil die Kieselmuster unterschiedliche Maschenzahlen aufweisen. Am Ende der Anleitung finden Sie einen Vorschlag, wie Sie das Modell aus weniger Teilen arbeiten können. Die Decke ist aus einem Recyclinggarn aus 40 Prozent Wolle, 30 Prozent Polyacryl und 30 Prozent Polyester gestrickt und verleiht so diesen wiederverwerteten Fasern ein neues Leben. Die Farben sind gedämpft und passen daher zur winterlichen Szenerie. Damit nicht allzu viel Garn übrig bleibt, wurde die komplette Blende aus dem restlichen Garn in der Farbe Smoke gearbeitet, weil von den Farben Ecru und Sky nicht mehr genügend vorhanden ist. Wenn Sie die Blende farblich überall an die angrenzenden Quadrate anpassen wollen, brauchen Sie jeweils einen zusätzlichen Knäuel in Ecru und Sky.

Größe, Garn und Nadeln

Größe: 106 cm x 132 cm

Nadeln: Stricknadeln 3,5–4 mm und Rundstricknadel 3–3,5 mm, 100 cm lang

Garn: Stylecraft Recreate DK (40 % Wolle, 30 % Polyacryl, 30 % Polyester; LL 350 m/100 g), jeweils 200 g in folgenden Farben:

- Ecru (Fb 1941)
- Smoke (Fb 1943)
- Sky (Fb 1946)

Maschenprobe:

22 M und 30 R glatt re = 10 cm x 10 cm

Anleitung

Für eine Decke aus einzelnen Quadraten: Mit Nd 3,5–4 mm einzelne Quadrate in den Mustern gemäß nebenstehender Tabelle arb.

Quadrate verbinden

Alle Quadrate bis auf die Kieselquadrate spannen; die Struktur der Kieselquadrate würde beim Spannen verloren gehen. Ich fand, dass die Kiesel besser wirken, wenn man sie um 90 Grad dreht, aber das können Sie halten, wie es Ihnen besser gefällt. Wenn Sie diese Quadrate nicht drehen, die Seitenkanten zusammennähen und dabei darauf achten, dass die Muster korrekt ineinander übergehen. Die entscheidenden Stellen der Motive mit kontrastfarbenen Garnresten zusammenhalten und erst dann die Naht endgültig schließen; dabei die Hilfsfädchen nach und nach entfernen. Wenn Sie die Kieselquadrate drehen, nähen Sie statt der Seitenkanten die Anschlag- und Abkettkanten zusammen.

Die übrigen Quadrate (ohne die Kiesel) mustergemäß an den Seitenkanten zusammennähen und dabei ebenfalls auf saubere Übergänge achten. Dann die Anschlag- und Abkettkanten der einzelnen Querreihen zusammennähen, dabei wieder die wichtigsten Stellen vorübergehend mit Hilfsfäden zusammenhalten.

Zuletzt die Seitenkanten der Quadrate **Kleine Kieselsteine** (bei gedrehten Quadraten) an die Anschlagkanten der Quadrate **Große brechende Wellen** nähen.

Blende

Die Blende gemäß der Anleitung auf Seite 140 (Tipps & Techniken) anstricken. Verwenden Sie die Farbe Smoke für eine einfarbige Blende oder passen Sie die Blendenfarben den angrenzenden Quadraten an. (Siehe Hinweis auf Seite 133.)

Alternative Technik

Diese Decke in einem Stück zu stricken ist nicht ganz einfach, aber wenn Sie den Zeitaufwand fürs Zusammennähen und Fertigstellen reduzieren wollen, können Sie zumindest einige Einzelteile einsparen. Ich empfehle, die Kieselquadrate entweder einzeln oder als Streifen (mit gedrehten Quadraten) zu stricken und dann zusammenzunähen. Wenn die Kieselquadrate zu einem einzigen Stück verbunden sind, aus der Oberkante jedes Kieselquadrats 36 Maschen in Smoke aufnehmen und dann die Wellen und den Himmel in einem Stück weiterstricken. Die Blende können Sie entsprechend der Anleitung oben anfügen.

Wenn Sie dieses Modell komplett in einem Stück stricken wollen, müssen Sie bei den Kieselquadraten die Maschenzahlen jeweils entsprechend dem jeweiligen Muster abnehmen und am Beginn des Wellenmusters wieder zunehmen.

Anordnung der Musterquadrate

48	48	48	48	48	48
47	47	47	47	47	47
46	46	46	46	46	46
14	14	14	14	14	14
13	13	13	13	13	13
12	12	12	12	12	12
11	11	11	11	11	11
10	10	10	10	10	10

10	GROSSE KIESELSTEINE, ECRU, 6 QUADRATE
11	MITTELGROSSE KIESELSTEINE, ECRU, 6 QUADRATE
12	KLEINE KIESELSTEINE, ECRU, 6 QUADRATE
13	GROSSE BRECHENDE WELLEN, SMOKE, 6 QUADRATE
14	KLEINE BRECHENDE WELLEN, SMOKE, 6 QUADRATE
46	KLEINE WINTERWOLKEN, SKY, 6 QUADRATE
47	MITTELGROSSE WINTERWOLKEN, SKY, 6 QUADRATE
48	GROSSE WINTERWOLKEN, SKY, 6 QUADRATE

Tipps & Techniken

In diesem Kapitel erfahren Sie alles, was Sie wissen müssen, um mit Ihrer Landschaftsdecke beginnen zu können. Sie lernen die erforderlichen Maschen und die Techniken zum Spannen und Verbinden der einzelnen Quadrate kennen, wenn Sie die Decke auf diese Weise arbeiten wollen. Auf Seite 141 finden Sie außerdem eine Liste der Originalgarne und Farben, aus denen die Musterquadrate gestrickt wurden.

Abkürzungen

abh	abheben
abk	abketten
anschl	anschlagen
arb	arbeiten
Fb	Farbe
Hinr	Hinreihe(n)
li	linke/links
LL	Lauflänge
M	Masche(n)
MM	Maschenmarkierer
Nd	Nadel(n)
R	Reihe(n)
re	rechte/rechts
restl	restliche(n)
Rückr	Rückreihe(n)
str	stricken
tg	tiefer gestochen mit Fallmaschen (siehe Seite 139)
wdh	wiederholen
***	Die Angaben nach bzw. zwischen den Sternchen gemäß Anleitung wiederholen.
[ ]	Die Angaben in eckigen Klammern so oft wie angegeben arbeiten.

Grundlagen des Strickens

Maschenprobe

Es gibt unzählige unterschiedliche Garne, und auch Garne mit der gleichen Lauflänge sind nicht immer gleich dick, deshalb empfiehlt es sich immer vor Beginn der Arbeit an Ihrer Landschaftsdecke ein Probequadrat zu stricken und die Maschenprobe zu ermitteln. Dazu strickt man ein kleines Quadrat glatt rechts mit der angegebenen Zahl von Maschen und Reihen. Legen Sie das gestrickte Quadrat flach hin und messen Sie Länge und Breite ab. Ist Ihr Quadrat größer als die in der Anleitung angegebenen 10 cm x 10 cm, wechseln Sie zu dünneren Stricknadeln. Ist es kleiner, probieren Sie dickere Nadeln aus.

Maschen anschlagen

Für die erste Masche eine Anfangsschlinge auf die linke Nadel legen, dabei ein langes Fadenende zum Zusammennähen hängen lassen, wenn Sie die Decke aus einzelnen Quadraten stricken wollen. Für die zweite Masche die rechte Nadel wie in Abb. A gezeigt in die erste Masche einstechen.
* Den Faden gemäß Grafik um die rechte Nadel legen.
Die Schlinge mit der rechten Nadel durchziehen, um eine neue Masche zu bilden (Abb. B).
Die neue Masche auf die linke Nadel übertragen: Dazu die linke Nadel wie abgebildet von unten nach oben in die Masche einstechen (Abb. C). **
Um die dritte und alle folgenden Maschen zu bilden, die rechte Nadel jeweils zwischen der ersten und der zweiten Masche auf der linken Nadel einstechen (Abb. D) und den Vorgang von * bis ** wiederholen, sodass eine neue Masche entsteht.

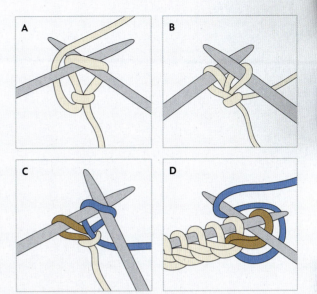

Maschen abketten

Die ersten zwei Maschen rechts stricken. * Die linke Nadel in die zuerst gestrickte Masche auf der rechten Nadel einstechen (Abb. E).
Die zuerst gestrickte Masche auf der rechten Nadel über die zweite Masche ziehen (Abb. F).
Die übergezogene Masche von der rechten Nadel gleiten lassen (Abb. G). **
Die nächste Masche auf der linken Nadel rechts stricken, sodass nun wieder zwei Maschen auf der rechten Nadel liegen. Von * bis ** fortlaufend wiederholen. Wenn nur noch eine Masche übrig bleibt, den Faden abschneiden (für eine Decke aus Einzelquadraten wieder ein langes Fadenende zum Zusammennähen hängen lassen) und das Fadenende vollständig durch die verbliebene Masche ziehen.
Um Maschen links abzuketten, genauso vorgehen, wie oben beschrieben, jedoch die Maschen links stricken.
Sollen die Maschen mustergemäß abgekettet werden, alle Maschen entsprechend dem jeweiligen Muster stricken und abketten.

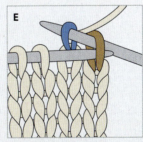
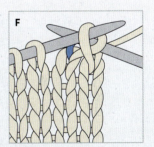
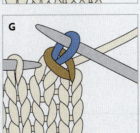

Rechte Masche

Die Nadel mit den angeschlagenen Maschen in der linken Hand halten. Der Faden liegt hinter der Arbeit. Die rechte Nadel wie abgebildet von links nach rechts in die erste Masche einstechen (Abb. H).
Den Faden gemäß Grafik um die rechte Nadel legen (Abb. I).
Die Fadenschlinge mit der rechten Nadel durchziehen, sodass eine neue Masche entsteht (Abb. J).
Die alte Masche von der linken Nadel gleiten lassen (Abb. K).

Linke Masche

Die Nadel mit den angeschlagenen Maschen in der linken Hand halten. Der Faden liegt vor der Arbeit. Die rechte Nadel wie abgebildet von rechts nach links in die erste Masche einstechen (Abb. L).
Den Faden gemäß Grafik um die rechte Nadel legen (Abb. M).
Die Fadenschlinge mit der rechten Nadel durchziehen, sodass eine neue Masche entsteht (Abb. N).
Die alte Masche von der linken Nadel gleiten lassen (Abb. O).

Glatt rechtes Muster

Glatt rechtes Gestrick entsteht, wenn man abwechselnd eine Reihe rechte und eine Reihe linke Maschen strickt, sodass auf der Vorderseite der Arbeit die charakteristischen V-förmigen Maschen erscheinen (Abb. P). Auf der Rückseite sehen die Maschen aus wie kleine „Knubbel". Wird diese Seite als Vorderseite verwendet, spricht man vom glatt linken Muster. Der Kontrast zwischen diesen beiden Strukturen ist die Grundlage für die meisten Muster in diesem Buch. Die Maschen sind breiter als hoch, weshalb mehr Reihen in der Höhe als Maschen in der Breite erforderlich sind, damit ein Quadrat entsteht. Das glatt rechte Muster rollt sich an den Kanten leicht ein, deshalb ist eine kraus rechts gestrickte Blende notwendig, damit die Decke flach liegt.

Kraus rechtes Muster

Strickt man in jeder Reihe rechte Maschen, erscheinen auf beiden Seiten der Strickarbeit buckelartige „Knubbel" in Querrippen (Abb. Q). Das kraus rechte Muster eignet sich hervorragend für eine Blende, die verhindert, dass sich das glatt rechte Gestrick an den Kanten einrollt.

Hinweis: Die Designerin und Autorin Anne Le Brocq ist Engländerin und führt den Arbeitsfaden beim Stricken über die Finger der rechten Hand. Die Grafiken zeigen daher die englische Fadenführung. Im deutschsprachigen Raum wird üblicherweise mit dem Arbeitsfaden in der linken Hand gestrickt.

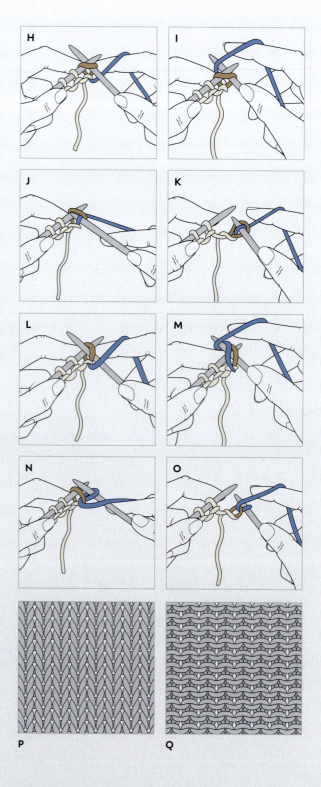

Besondere Techniken

Fallmasche

Die vorgesehene Masche von der linken Nadel gleiten lassen (Abb. A) und so viele Reihen weit nach unten auflösen, wie in der Anleitung angegeben (Abb. B). Die rechte Nadel in die Masche entsprechend viele Reihen tiefer einstechen (Abb. C). In der Anleitung steht dazu beispielsweise: 1 M re 6 R tg. Das bedeutet, dass die rechte Nadel in die Masche sechs Reihen weiter unten eingestochen wird und die Masche in den fünf darüberliegenden Reihen aufgelöst wird. Mit den Querfäden der aufgelösten Maschen auf der rechten Nadel den Arbeitsfaden wie zum Rechtsstricken erfassen (Abb. D) und als Schlinge durchziehen, um eine neue Masche zu bilden (Abb. E).

Eine Masche links abheben

Die rechte Nadel wie zum Linksstricken von rechts nach links in die Masche auf der linken Nadel einstechen (Abb. F). Den Rest der linken Masche nicht ausführen, sondern die Masche ungestrickt auf die rechte Nadel abheben, ohne eine neue Masche zu bilden.

Maschen aufnehmen

Von der rechten Seite (also der Vorderseite) der Arbeit aus die linke Nadel dort in die Kante des Gestricks einstechen, wo eine neue Masche entstehen soll (Abb. G). Eine Schlinge durchziehen wie beim Rechtsstricken (Abb. H) und als Masche auf die rechte Nadel legen. Diesen Vorgang so oft wie nötig wiederholen.
Sollen Maschen aus der Seitenkante eines glatt rechten Strickteils aufgenommen werden, ungefähr aus drei Maschen nacheinander jeweils eine Masche rechts herausstricken, wie oben beschrieben, dann eine Masche übergehen (Abb. I).

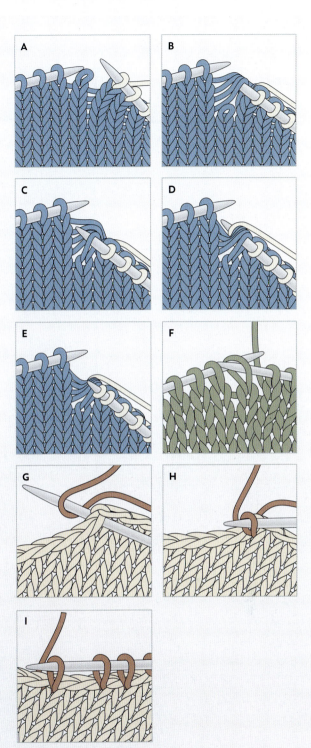

Fertigstellungstechniken

Strickquadrate verbinden

Um zwei Strickquadrate mit überwendlichen Stichen zu verbinden, beide Teile links auf links aufeinanderlegen, sodass die Kanten, die verbunden werden sollen, aneinanderstoßen. Einen Faden in eine Wollnadel einfädeln. Ein langes Fadenende zum späteren Vernähen hängen lassen. Die Nadel unter den Randmaschen beider Teile quer hindurchstechen und über die Kante zurückführen (Abb. A). Auf diese Weise weiternähen bis zum Ende der Kanten. Die Fadenenden vernähen.

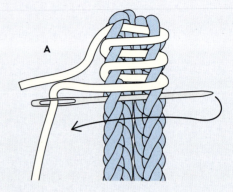

A

Blende anstricken

Zum Anstricken der Blende sollten Sie eine Rundstricknadel verwenden, die mindestens eine Nummer dünner ist als die für die Decke verwendete Nadelstärke. Ich habe beispielsweise für die Blende einer mit Nadelstärke 4 mm gestrickten Decke eine 100 cm lange Rundstricknadel 3,5 mm gewählt.

Einfarbige Blende: Von der rechten Seite der Arbeit aus an der Unterkante der Decke jeweils 36 Maschen aus jedem Quadrat in der gewählten Farbe aufnehmen. Weitere acht Reihen kraus rechts stricken, dabei in jeder Hinreihe beidseitig jeweils eine Masche zunehmen. Alle Maschen abketten. Mit den Seitenkanten und der Oberkante genauso verfahren. Zuletzt die schrägen Nähte an den Ecken schließen.

Mehrfarbige Blende: Die Blenden an Unter- und Oberkante der Decke stricken, wie bei der einfarbigen Blende beschrieben, und dabei jeweils die entsprechende Farbe der Decke verwenden. An jeder Seitenkante die Blende anstricken wie folgt: Von der rechten Seite der Arbeit 36 Maschen aus der Seitenkante jedes Quadrats in der entsprechenden Garnfarbe aufnehmen, dabei die Fäden beim Farbwechsel miteinander verdrehen. Acht Reihen kraus rechts in den jeweiligen Farben stricken, dabei ebenfalls die Fäden beim Farbwechsel miteinander verdrehen, damit keine Löcher entstehen, und in jeder Hinreihe beidseitig jeweils eine Masche zunehmen. Alle Maschen abketten und die schrägen Nähte an den Ecken schließen.

Spannen

Das Spannen gleicht das Maschenbild des Gestricks aus und trägt dazu bei, dass die Strickquadrate die richtige Form und Größe bekommen. Einige der Strukturmuster lassen das Gestrick knittrig wirken, deshalb ist dieser Arbeitsschritt bei der Fertigstellung enorm wichtig. Sie können das Strickteil entweder in kaltem oder lauwarmem Wasser mit ein wenig Wollwaschmittel einweichen, gut ausdrücken, in ein Handtuch einrollen und noch leicht feucht nach den angegebenen Maßen auf einer geeigneten Unterlage mit Stecknadeln aufstecken. Alternativ stecken Sie das Strickquadrat trocken nach den gewünschten Maßen auf und feuchten es anschließend mit einem Wäschesprenger mit Wasser an. Dann lassen Sie die Strickarbeit vollständig trocknen, bevor Sie die Stecknadeln entfernen. Falls Sie ein Dampfbügeleisen verwenden wollen, halten Sie es über das Gestrick, ohne es zu berühren, und betätigen die Dampfstoßtaste. Beachten Sie dabei unbedingt die Pflegehinweise auf der Garnbanderole, denn vor allem Kunstfasergarne können unter zu starker Hitze leiden.

Die Originalgarne

Hier habe ich die Garne und Farben aufgelistet, mit denen ich die Musterquadrate gestrickt habe

Kapitel	Nr. des Musters	Name des Musters	Garn	Farbe
Gelände	1	Viele Fußspuren	Stylecraft Special DK	Stone
	2	Wenige Fußspuren	Stylecraft Special DK	Camel
	3	Kombinierte Fußspuren	Stylecraft Special DK	Camel
	4	Gras	Stylecraft Special DK	Kelly Green
	5	Hasenglöckchen	Stylecraft Special DK	Bluebell
	6	Wildwasser	Stylecraft Special DK	Storm Blue
Strand	7	Sandrippeln	Stylecraft Special DK	Mocha
	8	Kiesiger Sand	Stylecraft Special DK	Mocha
	9	Kombinierter nasser Sand	Stylecraft Special DK	Mocha
	10	Große Kieselsteine	Stylecraft Recreate DK	Ecru
	11	Mittelgroße Kieselsteine	Stylecraft Recreate DK	Ecru
	12	Kleine Kieselsteine	Stylecraft Recreate DK	Ecru
	13	Große brechende Wellen	Stylecraft Special DK	Storm Blue
	14	Kleine brechende Wellen	Stylecraft Special DK	Petrol
	15	Kombinierte brechende Wellen	Stylecraft Special DK	Storm Blue
	16	Palmenstämme	Stylecraft Special DK	Walnut
	17	Palmwedel	Stylecraft Special DK	Green
Wald	18	Buchenstämme	Stylecraft Special DK	Walnut
	19	Große Buchenblätter	Stylecraft Special DK	Green
	20	Mittelgroße Buchenblätter	Stylecraft Special DK	Kelly Green
	21	Kleine Buchenblätter	Stylecraft Special DK	Grass Green
	22	Ahornstämme	Stylecraft Special DK	Walnut
	23	Große Ahornblätter	Stylecraft Special DK	Green
	24	Mittelgroße Ahornblätter	Stylecraft Special DK	Kelly Green
	25	Kleine Ahornblätter	Stylecraft Special DK	Grass Green
	26	Eichenstämme	Stylecraft Special DK	Walnut
	27	Große Eichenblätter	Stylecraft Special DK	Green
	28	Mittelgroße Eichenblätter	Stylecraft Special DK	Kelly Green
	29	Kleine Eichenblätter	Stylecraft Special DK	Grass Green
	30	Großer Blättermix	Stylecraft Special DK	Green
	31	Mittelgroßer Blättermix	Stylecraft Special DK	Kelly Green
	32	Kleiner Blättermix	Stylecraft Special DK	Grass Green
Gebirge	33	Große Nadelbäume	Stylecraft Special DK	Green
	34	Kleine Nadelbäume	Stylecraft Special DK	Kelly Green
	35	Kombinierte Nadelbäume	Stylecraft Special DK	Kelly Green
	36	Vorgebirge	Stylecraft Special DK	Proper Purple
	37	Berge	Stylecraft Special DK	Wisteria
	38	Kombinierte Berge	Stylecraft Special DK	Wisteria
Wetter	39	Regen	Stylecraft Special DK	Denim
	40	Niedrige Gewitterwolken	Stylecraft Special DK	Midnight
	41	Hohe Gewitterwolken	Stylecraft Special DK	Midnight
	42	Kombinierte Gewitterwolken	Stylecraft Special DK	Midnight
	43	Kleine Schönwetterwolken	Stylecraft Special DK	Aster
	44	Große Schönwetterwolken	Stylecraft Special DK	Lapis
	45	Kombinierte Schönwetterwolken	Stylecraft Special DK	Aster
	46	Kleine Winterwolken	Stylecraft Recreate DK	Sky
	47	Mittelgroße Winterwolken	Stylecraft Recreate DK	Sky
	48	Große Winterwolken	Stylecraft Recreate DK	Sky
	49	Kombinierte Winterwolken	Stylecraft Recreate DK	Sky
	50	Aufziehende Wolken	Stylecraft Special DK	Cloud Blue

Dieser Schnappschuss der nichtsahnenden Autorin von David Hein-Griggs fängt die Idee dieses Projekts perfekt ein. Ich hatte keine Ahnung, dass da dieses Schild stand.

Die Autorin

Anne ist Universitätsdozentin für Geografie und Strickerin. In diesem Buch verbindet sie beides, denn sie liebt Landschaften und versteht, wie sie entstehen. Sie lässt sich von ihren Reisen inspirieren, sowohl in Devon, wo sie lebt, als auch in die Ferne. Oft ist sie auf zwei Rädern unterwegs – entweder mit dem Fahrrad oder mit ihrem Triumph-Tiger-Motorrad, das sie nach dem Hund in „Fünf Freunde" auf den Namen Timmy getauft hat.
Mehr von Anne Le Brocqs Deckenkreationen und von ihren Reisen sehen Sie auf Instagram und Facebook unter @blanketscapes oder auf www.blanketscapes.com.

Dank der Autorin

Ohne die Hilfe vieler Menschen hätte der Samen der Idee zu diesem Buch nicht keimen und erblühen können. Deshalb danke ich Emily für ihre unermüdliche Gesellschaft, ihre Geduld und ihre fotografische Unterstützung auf unseren Landschaftsdecken-Exkursionen. Isabel danke ich für ihr stets offenes Ohr sowie für ihre ehrlichen und hilfreichen Vorschläge. Anne-Marie gilt mein Dank für ihre Unterstützung und ihre Bereitschaft, mir bei der Navigation in den sozialen Medien zu helfen. Ferner danke ich
- meiner Woolliness-Gruppe Alex, Elizabeth, Isabel, Jen, Jo und Sue für ihre stete Hilfe und Ermutigung;
- meinen Kolleginnen und Kollegen David, Ewan, Iain, Ian, Jo, Luci, Nicola, Nina, Sally, Tim, Toby, Tom und Hund Ruben für Ratschläge, Spaziergänge zu Bäumen, Korrekturlesen und Aufheiterung aller Art;
- Maggie (und Ian) dafür, dass sie mir ein Buch über Decken geliehen haben, das mir so manche Inspiration geliefert hat;
- Andy, Claire (und ihrer Mutter), Duncan, Karen, Katie und Naomi für ihre allgemeine Ermutigung;
- Dedri Uys dafür, dass sie mir Mut gemacht hat, dieses Projekt überhaupt in Angriff zu nehmen,
- und meiner Familie, die mich die ganze Zeit über mit Liebe und Ermutigung unterstützt hat.
Der Firma Scheepjes danke ich dafür, dass sie Garn zur Verfügung gestellt hat, und der Firma Wool-on-the-Exe für die Unterstützung bei der Werbung für das Projekt.

Register

Titel der Originalausgabe: *The Art of Landscape Knitting*
Zuerst veröffentlicht 2023 in Großbritannien und den USA
von David & Charles Ltd, Suite A, Tourism House, Pynes Hill,
Exeter, EX2 5WT, UK

Text and Designs © Anne Le Brocq 2023
Layout © David and Charles, Ltd 2023
Fotos und Illustrationen © David and Charles, Ltd 2023
(Ausnahmen siehe Bildnachweis)

Deutsche Erstausgabe

Copyright der deutschen Übersetzung: © 2024 Weltbild
GmbH & Co. KG, Ohmstr. 8a, 86199 Augsburg
Übersetzung und Redaktion der deutschen Ausgabe:
Helene Weinold, Violau
Satz: Joe Möschl, München
Umschlaggestaltung: Maria Seidel, Teising
Fotos: Jason Jenkins

Printed in China

ISBN 978-3-8289-4074-1

Besuchen Sie uns im Internet:
www.weltbild.de

Bildnachweis

17, 18 (unten) © Unsplash/martenbjork; 18 (Mitte) © Unsplash/carlosrb; 19, 29, 34 (unten), 36 (oben), 43, 63, 74 (unten),
99 © Wikimedia Commons; 23 © The Cleveland Museum of Art/Norman O. Stone and Ella A. Stone Memorial Fund/
William Stanley Haseltine; 34 (MItte) © Unsplash/philippdeus; 65, 114, 130 © Adobe Stock;67 © Unsplash/marionb_photo-
graphy; 68 (unten) © Unsplash/markusspiske; 71 (oben) © Unsplash/annfossa; 72 (unten) © Unsplash/maksimshutov;
79 © Unsplash/sepoys; 80 (unten) © Unsplash/jmeguilos; 85 © The National Gallery of Art/Gift of Louise Mellon in honour
of Mr. and Mrs. Paul Mellon/John Constable; 89 © Rawpixel/Getty/Simon Alexandre Clement Denis; 91 © Pixabay/Martina
Bulkova; 95 © The National Gallery of Art/Given in honor of Gaillard F. Ravenel II by his friends/Pierre-Henri de Valencien-
nes; 103 © Rawpixel/Francis Augustus Lathrop; 104 (unten) © Unsplash/jeremybishop.